Cosima Bellersen Quirini

Einfach
Wurst!

Pfiffige Rezepte für die
eigene Küche

Bevor es losgeht

- 8 Es dreht sich alles um die Wurst
- 10 Wursten ganz leicht
- 12 Was Ihre Wurstküche wirklich braucht
- 14 Das muss rein
- 20 Das kann rein
- 22 Das darf rein
- 26 Ab in die Pelle
- 31 Wurst für immer

Roh und köstlich

- 40 Rohwürste – das Handling
- 45 Von Teewurst bis Tatar
- 59 Extra-Schmankerl: Schinken aller Art

Fein und heiß gebadet

- 68 Brühwüste – das Handling
- 71 Von Lyoner bis zum Leberkäs
- 90 Extra-Schmankerl: Ultimative Wurstsalate

Aus dem Kochkessel

- 94 Kochwürste – das Handling
- 96 Von Leberwurst bis Schmalz
- 123 Extra-Schmankerl: Braten auf Raten

SERVICE

- 130 Saucen-Seiten
- 135 Nice to know
- 138 Wurstküchen-Glossar
- 140 Schnell nachgeschlagen
- 143 Quellen und Adressen
- 144 Zur Autorin

Klasse statt Masse

Wurst machen ist im Prinzip ganz einfach: Fleisch in die Pelle stopfen, zubinden, reifen lassen. Und schon können Sie eine Wurst anschneiden, die ganz einmalig ist. Lassen Sie Ihrer Lust am kulinarischen Experiment freien Lauf. Salami mit Nüssen und einem Hauch Zimt? Putenstreichwurst mit Orangen und Thymian? Kein Problem! Machen Sie Ihre Lieblingswurst doch einfach selbst.

Würste können Sie in Ihrer eigenen Küche zaubern, ganz ohne teure Anschaffungen. In diesem Buch verrate ich Ihnen dazu viele Tricks und Kniffe. Zum Beispiel, wie Ihre Salami ganz einfach im Stoffsäckchen reift. Ein wunderbarer Geschenkartikel!

Das Buch ist entstanden in Zusammenarbeit mit vielen lieben Leuten, die mich kräftig unterstützt haben: Rezepteverrater/innen, Säckchennäher/innen, Namensfinder/innen, Modellsteher/innen und Testesser/innen. Ihnen allen gebührt mein herzliches Dankeschön! Ganz besonders jedoch danke ich den Profis Jens Kielhorn, Kathrin und Bernd Zimmermann für ihr geduldiges Zuhören und Fragen beantworten!

Ich würde mich freuen, wenn ich bei Ihnen die Lust am Selbermachen wecken würde. Sie merken bestimmt schnell, dass Wursten Spaß macht. Der Zusatzbonus: Sie wissen genau, was in Ihrem Aufschnitt steckt. Das beruhigt diejenigen, die an einer Allergie leiden, und alle anderen auch.

Sie haben es jetzt selbst in der Hand, welche Zutaten Sie (nicht) verarbeiten. Und welches Fleisch sie verwenden – hoffentlich das von glücklichen Tieren. Fleisch also, das ethisch verantwortlich produziert wurde und das eine gesunde, natürliche Ernährung von Mensch und Tier im Blick hat. Das Motto beim Wurstgenuss sollte ab sofort lauten: Klasse statt Masse! Den Unterschied schmeckt man.

Viel Spaß und gutes Gelingen wünscht

Cosima Bellersen Quirini

Bevor es losgeht

Es dreht sich alles um die Wurst

Selber wursten macht Spaß – und schmeckt. Denn Sie haben dabei völlig freie Hand in der Wahl der Zutaten und der Gewürze. Lassen Sie Ihren kulinarischen Phantasien freien Lauf!

Feines Würstchen – wer kann da schon widerstehen?

WURST VON A–Z Weißwurst, Schwarzwurst, Rotwurst. Bierwurst, Mettwurst, Teewurst. Würste gibt's wie Sand am Meer. Sie gehören zu Deutschland wie der Reichstag und die Dichtkunst. Dass jemand gar keine Wurst mag, ist selten. Schließlich gibt es selbst für Vegetarier gänzlich fleischlose und ziemlich leckere Varianten.

Viele Wurstsorten sind zu regionalen Markenzeichen geworden. Das Fleisch in der Pelle feiert derzeit aber auch große Auftritte in deutschen Spitzenrestaurants. Dort kommen die klassischen Sorten in neuem Gewand daher: Althergebrachte

Rezepturen präsentieren sich aufregend neu – sowohl „innerlich" (zum Beispiel mit neuen Gewürzen), als auch „äußerlich" (zum Beispiel mit neuen Beilagen).
Das geht zu Hause genauso! Jede Region hat zwar ihre speziellen Wurstsorten. Aber wagen Sie doch Experimente, die auch in Gourmetkreisen immer wieder für Furore sorgen. Bayrische Weißwurst mit Kirschen und rosa Pfefferkörnern etwa. Rostbratwurst mit Chilistückchen und Walnuss-Splittern. Salami mit Portwein und Backpflaumen oder Leberwurst mit Ingwer und Orangen. Lassen Sie Ihrer Kreativität freien Lauf!

ALLES, WAS LECKER IST … Die Kunst, Fleisch haltbar zu machen, ist so alt wie die Menschheit selbst. Das erste Stück Fleisch, das versehentlich am Rand des Lagerfeuers vergessen wurde und essbar blieb, zeigte den Menschen, dass Asche konserviert. Das Gleiche galt für das Stück Fleisch, das mit Salz nicht so schnell verdarb. Was also lag näher, als gesalzene Innereien und Fleischreste in ein Behältnis – in die Blase etwa, oder den Darm – zu packen? *Die erste Wurst war geboren.* Aber das war vor den alten Ägyptern, die bereits Würste kannten, und lange vor den alten Griechen, die sogar Wurst-Wettkämpfe abhielten (der Sieger bekam als Prämie ein Stück Wurst). Die Wurst war auch schon längst fester Bestandteil an festlichen Gelagen, als im Mittelalter in Deutschland das Wort „Wurst" überhaupt erst entstand. Der Begriff bezeichnet etwas Vermengtes, Vermischtes. Und genau das ist Wurst: eine Mischung aus allen denkbaren Fleisch- und Specksorten von Schwein über Rind bis zu Geflügel oder Wild. Diese werden mit allem, was gut schmeckt, vermengt: Gewürze, Kräuter, Nüsse, Alkoholika, ja selbst Käse passt in die Wurst. Je nach gewünschter Konsistenz wird alles von sehr grob bis sehr fein zerkleinert oder sogar püriert. In entsprechende Behälter oder Hüllen gefüllt, kann das Produkt dann entweder sofort genossen, gekocht oder noch ein Weilchen zum Reifen gelagert werden. Voilà – die Wurst ist fertig.

> **NIRGENDWO SONST AUF DER WELT …**
> … ist das Angebot in Sachen Wurst so vielfältig wie in Deutschland. Von regional (niedersächsische Bregenwurst, Frankfurter Würstchen) über traditionell (Lyoner, Teewurst, Blutwurst) bis exotisch (mit Mango und Nuss) ist alles zu bekommen – mehr als 1500 Sorten. Machen Sie mit und erfinden Sie Ihre eigene Lieblingssorte!

> **WELCHE WURST DARF'S SEIN?**
> Wurstsorten werden nach den drei Herstellungsarten aufgeteilt:
> - Rohwurst: Das Material wird roh verarbeitet und nach dem Reifen auch roh gegessen.
> - Brühwurst: Das Material wird zunächst roh verarbeitet und nach dem Abfüllen erhitzt.
> - Kochwurst: Das Material wird zunächst vorgegart, dann verarbeitet und nach dem Abfüllen erneut erhitzt.

Wursten ganz leicht

Ob Rohwurst, Kochwurst oder Brühwurst: Bevor Sie loslegen, gebe ich Ihnen hier ein paar Tipps und Tricks mit. Wenn Sie die befolgen, steht Ihrem Wurstgenuss nichts mehr im Weg!

DENKEN SIE DRAN! So tun Sie sich beim Wursten leicht:
- Verwenden Sie stets hochwertiges und für die jeweiligen Wurstsorten entsprechend geeignetes Fleisch. Am besten fragen Sie beim Metzger nach.
- Vergessen Sie im Eifer des Gefechts nicht die Zutaten wie Salz, Zucker und Gewürze!

Zu zweit wurstet sich's besser ... und unterhaltsamer.

- Achten Sie penibel auf sehr sauberes Handwerkszeug! Egal, ob Hände, Messer, Schneidebrett oder Fleischwolf – hier ist absolute Hygiene (ungepuderte Einmalhandschuhe tragen) angesagt!
- Scharfe Schneidewerkzeuge tragen zudem zu gutem Gelingen bei.
- Achten Sie auf eine gute Verteilung des (Nitritpökel-)Salzes in der Wurstmasse!
- Falls Sie die Würste in Pellen haben wollen, heißt es: gut gestopft ist halb gewonnen. Nehmen Sie am besten durchsichtige Hüllen, wenn Sie bei den Rohwürsten den Umrötungsprozess genau beobachten wollen. Bei Natur- und Kunstdarmhüllen gilt: Wässern Sie alle Hüllen stets einige Zeit vor dem Befüllen (Herstellerangaben beachten). Danach müssen sie gut ausgestreift (vom Wasser) werden. Greifen Sie eher zu dünneren Hüllen (28–30 mm Durchmesser) – sie trocknen schneller und nehmen daher Anfängerfehler nicht so übel.
- Achten Sie auch darauf, durch festes Stopfen und straffes Abbinden möglichst wenige Luftlöcher entstehen zu lassen. Am Anfang ist das nicht ganz einfach, gelingt aber mit der Zeit und am besten zu zweit. Man kann mit einer hauchdünnen Nadel die Hüllen anpieksen und die Luft raus streichen und hoffen, dass dabei keine Bakterien ins Innere vordringen. Unkomplizierte Alternative: Stoffhüllen (Seite 28). Sehen eh viel schöner aus!
- Hängen Sie die Würste stets mit genügend Zwischenraum auf (im Backofen, auf einer Vorhangstange oder einem Besenstiel)!
- Rauch sorgt für ein einzigartiges Aroma und weitere Konservierung. Da wünscht man sich die gute alte Esse über dem Herd zurück! Im Internet finden Sie viele Bauanleitungen für Räucherstätten. Mehr zum Räuchern finden Sie außerdem ab Seite 35.

ZU ZWEIT GEHT ES BESSER!
Partner, Freunde, Kinder, Kollegen, Nachbarn – wenn Sie die Möglichkeit haben, Ihre Wurstküche mit jemandem zusammen zu betreiben, so tun Sie das! Manches geht zu zweit oder zu mehreren einfach besser, zum Beispiel das Einstopfen in die Hüllen!

SPICKZETTEL FÜRS WURSTEN Das sind die großen Schritte der Wurstherstellung im Überblick:
Rohwürste: einige Tage trocknen, eventuell räuchern, durchreifen; *Rohgekochte* werden danach noch gekocht
Schinken: pökeln, durchbrennen, eventuell wässern, dann kochen oder trocknen, eventuell räuchern, durchreifen
Brühwürste: brühen, eventuell trocknen, eventuell räuchern; *Bratwürste* werden noch dazu gebraten
Kochwürste: Zutaten kochen, abfüllen, brühen, eventuell trocknen, eventuell räuchern

Was Ihre Wurstküche wirklich braucht

Sie werden es kaum glauben, aber in jeder normalen Küche kann gewurstet werden. Vor allem brauchen Sie einen guten Händler, dazu Lust am Experimentieren und ein paar Ideen.

IN DER KÜCHE Um Wurst zu Hause selbst herstellen zu können, sollten Sie eine mit den Grundgeräten ausgestattete Küche haben. Sie brauchen in jedem Fall ein *Spülbecken*, einen *Kühlschrank mit Eisfach* und einen *Herd*. *Schüsseln*, *Töpfe*, *scharfe Messer* und *Schneidebrettchen* sind ebenfalls unabdingbar. Auch eine *Küchenwaage* sollte vorhanden sein. Von Vorteil sind auch Spülmaschine und Backofen, Schnur, Teigschaber, ungepuderte Einmalhandschuhe und eine Schürze.

Ein bisschen Ausrüstung ist vonnöten.

HANDWERKSZEUG Ein paar nicht ganz alltägliche Gerätschaften brauchen Sie aber doch: Für die Wurstherstellung werden Sie auf Dauer um einen Fleischwolf wohl nicht herumkommen, es sei denn, Sie lassen das Fleisch direkt an der Theke wolfen und freuen sich auch an groberer Wurst.
Es gibt sehr einfache Modelle, die an einer Tischplatte befestigt werden können. Für erste Versuche sind diese von Hand zu bedienenden Modelle völlig ausreichend. Wenn Sie merken, dass es Ihnen zunehmend Spaß macht, Ihre Wurst selbst zu produzieren, können Sie immer noch auf die elektrischen Varianten umsteigen oder sich für Ihre Küchenmaschine einen entsprechenden Vorsatz mit passendem Schneidwerkzeug kaufen. So etwas gibt es für viele Modelle – auch spezielle Vorrichtungen zum Befüllen von Wursthüllen. Alternativ sind einfache, von Hand zu bedienende Wurstbefüller auf dem Markt. Zum Ausprobieren gibt es zudem eine preiswerte Lösung: der gute alte Spritzbeutel oder eine Plätzchenspritze.

Eine gute Dokumentation hilft, den Überblick zu behalten.

Auch ein *Kutter* kann sinnvoll sein. Diese sind jedoch sehr teuer, der Preis eines einfachen Tischkutters liegt locker bei 500 Euro. Hier kann man sich zunächst mit einem leistungsstarken Pürierstab („Zauberstab") oder mit Zusätzen für die Küchenmaschine behelfen. Ein guter Mixaufsatz oder Standmixer kann, wenn auch nicht ganz so effektiv, kuttern. Für erste Versuche: Kräftiges Kneten mit den Händen schafft zumindest bei groben Würsten passable Ergebnisse.

SCHWARZ AUF WEISS Immer alles exakt aufschreiben! Egal, ob Ihre Wurst wunderbar nach „mehr" schmeckt oder die Gewürzkombination verworfen werden muss: Die Dokumentation der einzelnen Schritte ist wichtig für alle Ihre weiteren Erfolge. Ist etwas gut geworden, haben Sie schwarz auf weiß, was Sie wiederholen wollen. Eventuelle Misserfolge können Sie künftig meiden. Ein *kleine Kladde*, am besten mit Spaltenaufteilung, sowie ein Bleistift, immer griffbereit, das genügt. Schreiben Sie bereits während des Wurstens alles auf. Besonders bei einer größeren Aktion mit mehreren Schüsseln voll Fleisch, Speck und Gewürzen kommt leicht etwas durcheinander. In der Schüssel vorne links – waren hier die abgewogenen Zutaten für die Bierwurst oder die Lyoner drin? Und hinten? Gemischtes Hack? Geflügelhack? *Mit versiertem Auge mag man die einzelnen Fleisch- und Fettsorten durchaus irgendwann auseinander halten, aber auch im Eifer des Gefechts?*
Ihre Rezepte können Sie nach einer bestimmten Terminologie ordnen, dann finden Sie sie schnell wieder. Am besten, Sie folgen der Einteilung in diesem Buch von den Rohwurstsorten über die Brühwürste bis zu den Kochwürsten.

> **GUT GEMESSEN IST HALB GEWURSTET**
>
> Sie sollten Temperatur und Feuchtigkeitsgehalt der Luft messen können, das erleichtert Ihnen vieles. Daher brauchen Sie folgende Messgeräte – die Anschaffung lohnt sich. Nicht nur für die Wurstküche.
>
> - Lebensmittelthermometer für Brühtemperaturen
> - Luftthermometer mit Hygrometer für Raumtemperatur und den Feuchtigkeitsgehalt der Luft (gibt's günstig im Baumarkt)
> - Kerntemperaturmesser für Innenmessungen in Würsten oder Schinkenstücken

Das muss rein

Klar, in eine gute Wurst gehört feines Fleisch und eine gute Portion Fett. Aber was noch? Hier finden Sie die wichtigsten Zutaten, die Ihre Wurst unvergleichlich machen.

SIE BESTIMMEN Hier ist zusammengefasst, was in die Wurst gehört, also die *Muss-Zutaten*. Denn das ist ja überhaupt der Vorteil einer selbst gemachten Wurst: Alles, was Sie nicht dabei haben wollen – Geschmacksverstärker, künstliche Bindemittel und so weiter – lassen Sie einfach weg. Sie mischen sich Ihre Wurst sozusagen nach dem Reinheitsgebot. Sie werden sehen, das macht Spaß und schmeckt! Die *Kann-* und *Darf-Zutaten* finden Sie ab Seite 20 und 22.

Fleisch, Fett und Salz. Mehr brauchen Sie nicht für eine gute Wurst – für die meisten Sorten jedenfalls. Sie benötigen *Fleisch*, weil in eine Wurst natürlich Fleisch gehört … na gut, außer natürlich bei Veggie- oder Fischwürstchen, für die Sie in den Umschlagklappen Rezepte finden. Dazu *Fett* für Geschmack und Bindung, außerdem *Salz* für die Haltbarkeit. Das sind die Zutaten schon seit Menschengedenken.

Allerdings: Das Salz wirkt zwar gegen Bakterien, aber nicht gegen alle. Es verhindert auch nicht, dass die Wurst beziehungsweise der Schinken grau wird. Bereits in der Antike fügte man daher der Wurst Salz und Nitrate in Form von *Salpeter* oder bereits gemischtes Nitritpökelsalz zu, ein bis heute gängiges Verfahren. Damit werden die Bakterien stärker reduziert, außerdem die Verdunstung angekurbelt. Zusatzbonus: Die Wurst behält die schöne rote Farbe.

FLEISCH Ein Schwein war ein wertvolles Gut in Zeiten, in denen Mangel und Not herrschten – und das war früher oft genug der Fall. Das Schwein trug dazu bei, die Familie wohlbehalten durch den harten Winter zu bringen. Traditioneller Schlachtmonat war früher der November. Das hatte zwei Vorteile: Die Bauern mussten das Vieh den Winter über nicht durchfüttern und das Fleisch hielt im kühlen Spätherbst länger frisch.

Kein Fitzelchen durfte verschwendet werden: Innereien, die äußeren Gliedmaßen, die Schnauze, ja selbst die Öhrchen und das Blut kamen in den Topf.

Die Wurst kommt da gerade recht. Kleingehackt verschwindet manches Fleischstück in der Pelle, das schmeckt, auf dem Teller aber nicht so lecker aussieht. Damit verhilft uns die Wurst

---

KRIEGE FÜR DIE WURST
Salpeter hat eine lange und bewegte Geschichte. Bereits in der Antike wurde er zur Konservierung von Fleisch eingesetzt und war weltweit ein wichtiges Industrie- und Handelsgut. Er war so wichtig, dass seinetwegen sogar Kriege angezettelt wurden.

heute, wenn man so will, zu einer nachhaltigen Komplettverwertung des Tieres. Denn Fleischteile einfach auf den Müll zu kippen, ist ethisch nicht zu vertreten – weder roh noch verarbeitet. Immerhin hat dafür ein Tier gelebt und ist gestorben.

Fleisch ist nicht gleich Fleisch Tierart, Alter, Geschlecht, Ernährung und Haltung prägen den Geschmack.
Man unterscheidet *Fleischsorten* (Tierarten):
rotes Fleisch: Rind und Kalbfleisch, Schwein, Lamm und Schaf, Ziege, Pferd, Kaninchen
weißes Fleisch: Huhn, Pute (Truthahn), Gans, Ente und Taube
Wildbret: Hirsch und Reh, Wildschwein und Hase
Wildgeflügel: Wildente, Fasan, Perlhuhn, Rebhuhn, Schnepfe und Wachtel
Geflügel wird generell als weißes Fleisch bezeichnet, obwohl es gar nicht immer so hell ist. Man unterscheidet Magergeflügel, wozu etwa Pute oder Huhn gehören, und Fettgeflügel, zum Beispiel Ente und Gans.
Sind Sie in anderen Kulturkreisen unterwegs, bekommen Sie dort unter Umständen ganz andere Fleischsorten angeboten, wie etwa Elch, Kamel oder Känguru. In manchen Ländern gibt es sogar Fleisch, das bei uns niemals den Weg in den Kochtopf finden würde, wie Hund, Katze oder Meerschweinchen.
Im Buch beschränkt sich die Auswahl allerdings auf europäische Essgepflogenheiten. Hundewurst suchen Sie vergebens. Aber das schränkt den Fleischgenuss kaum ein: Es gibt hierzu-

Jedes Fleisch ist anders. Das des Schwäbisch-Hällischen Landschweins gilt als besonders hochwertig.

lande eine Unmenge an Rassen von Nutz- und Wildtieren, in allen Farben, Größen und Schattierungen. Kenner suchen sich häufig ganz spezielle Rassen aus. Örtliche Züchter, Metzger oder Jäger werden Sie gerne beraten.

Das Fleisch selbst ist unterteilt in *Fleischarten* (wie Muskelfleisch, Innereien, Fettgewebe, Knochen) und *Fleischteile* (wie Lende, Keule, Schulter).

Billig kann nicht gut sein Supermarkt, Metzgerei, Jägerei oder Hofladen? Zwei Dinge vorweg:
Es ist nicht entscheidend, wo Sie einkaufen, sondern was!
Billiges und gleichzeitig gutes Fleisch gibt es nicht!
Ein Tier kann nicht für billig würdevoll leben und sterben. Billigfleisch stammt daher meist von qualvoll gehaltenen und geschlachteten Tieren, deren Mast möglicherweise durch Hormone beschleunigt wurde.

Selbst das *Biosiegel* sagt im Zweifel nicht viel aus. Vielleicht hatten diese Tiere etwas mehr Platz, bekamen besseres Futter und weniger Medikamente. Doch die staatlichen Ansprüche sind insgesamt sehr niedrig (kleine Flächen, Futterzusatzstoffe, Verstümmelungen). Das Biosiegel der Europäischen Union (Blatt aus weißen Sternen auf grünem Grund) garantiert eben nur, dass bei der Haltung die Mindeststandards der EU-Öko-Verordnung eingehalten wurden. Strengere Kriterien gibt es bei den einzelnen *Bioverbänden*. Letztendlich muss jeder selbst entscheiden, welches Fleisch wo bezogen wird.

Vieles spricht auch für den Einkauf bei *regionalen Anbietern*, egal ob es sich dabei um Handwerksbetriebe, Wochenmärkte, Züchter, Lebensmittel- oder Hofläden handelt. Fragen Sie nach Fleisch aus der Gegend! Vielerorts gibt es auch Listen bei den Stadtverwaltungen von Erzeugerverbänden, Züchtern oder Höfen mit Direktvermarktung.

Eine gute Alternative ist *Wildfleisch*. Es gehört zu den wenigen naturbelassenen Nahrungsmitteln unserer Zeit. Neben den bereits genannten Einkaufsmöglichkeiten werden Sie bei passionierten Jägern, den Wildbörsen im Internet und speziellen Wildhandelsgeschäften fündig.

Suchen Sie sich also einen Händler, dem Sie vertrauen. Ein verantwortungsbewusster *Fleischverkäufer*
- achtet nicht nur auf gute Qualität, er achtet auch die Tiere.
- weiß, wo sein Fleisch herkommt.
- versichert sich, dass die Tiere gut behandelt wurden.
- schlachtet vielleicht noch selbst.
- arbeitet mit regionalen Fleischproduzenten zusammen.
- kennt seine angebotene Ware sehr genau.

FÜR DIE HÄUSLICHE WURSTEREI ...

... sind diese Teile am wichtigsten:
- Magerfleisch (Schlegel, Schulter oder Hals)
- fettes Fleisch (Backe, Schwarte, Nacken)
- Rücken oder Schulter (mit Schwarte oder ohne)
- Bauchspeck (Griff, Flomen, Schmer)
- Blut (frisch oder aus Pulver angerührt)
- Innereien
- Kopf
- Zunge
- Darm

SCHLECHTES FLEISCH KANN MAN ERKENNEN!

Achten Sie auf Farbe, Konsistenz und Wassergehalt:
PSE-Fleisch: P=pale (zu blass), S=soft (zu weich) und E=exudative (zu wässrig)
DFD-Fleisch: D=dark (zu dunkel), F=firm (zu fest) und D=dry (zu trocken)

FETT Viel zu fettig, das ess' ich nicht! Fett gehört zu den Lebensmitteln, die man nicht im Übermaß zu sich nehmen sollte, klar. Aber, Vorsicht! Lassen Sie es auf keinen Fall ganz weg. Etwa ein Viertel der Kalorien des täglichen Energiebedarfs sollte aus Fett bestehen, denn es
- zählt neben Proteinen und Kohlenhydraten zu den drei Grundbausteinen unserer Ernährung und ist mit 9 kcal/g der energiereichste Nahrungsträger.
- ermöglicht erst die Aufnahme fettlöslicher Stoffe wie die Vitamine A, D oder E.
- ist Schutz für die Organe.
- dient als Baustoff für Zellen und deren Bestandteile.
- ist wichtiger Baustein für Vermittlerstoffe mit entzündungshemmenden Wirkungen.
- dient als Wärmeschutz.
- verlängert das Sättigungsgefühl nach dem Essen.

In der Wurst sorgt Fett dafür, dass sie geschmeidig ist. Und nicht zuletzt: Fett sorgt auch für einen guten Geschmack.

SALZ UND PÖKELSALZ Ohne Salz keine Wurst: Rohwürste wären gar nicht existent und alle anderen Sorten würden nicht schmecken. *Kochsalz oder Speisesalz (Natriumchlorid)* sorgt generell für Konservierung, weil es Bakterien hemmt. Es ist auch wichtig für Bindung und feinen Salzgeschmack. Und genau hier fängt Ihre Gewürzkreation an. Wie wäre es mit besonders kräftigem Maldonsalz oder schwarzem Salz mit Raucharoma?
Dosierung Kochsalz: Jeweils auf 1 kg Wurstmasse kommen etwa 16–20 g Salz bei Brüh- und Kochwürsten und etwa 20–30 g Salz bei Rohwürsten.

Pökel- oder auch Nitritpökelsalz (kurz NPS) oder Salz plus Salpeter, brauchen Sie speziell für Rohwurstsorten. Ohne wird die Wurst in sehr kurzer Zeit schlecht.
Nitritpökelsalz ist ein Gemisch aus gewöhnlichem Speisesalz und etwa 0,5–1 % Natriumnitrit ($NaNO_2$, als Lebensmittelzusatzstoff E250) und/oder Natriumnitrat ($NaNO_3$, Natrium-Salpeter), das durch Enzyme zu Nitrit umgewandelt wird. Es wirkt bakterienhemmend, entwässernd und würzend. Pökelsalz sorgt zudem dafür, dass die Wurst nicht „ergraut".
Nitrate und Nitrite sind allerdings *gesundheitlich nicht ganz unbedenklich*. Sie können in saurem Milieu (zum Beispiel im menschlichen Magen) oder durch Hitze in giftige Nitrosamine umgewandelt werden. Mit Nitritpökelsalz oder Salpeter gepökelte Schinken sollten daher nicht gebraten werden.
Nitrite können sich außerdem mit dem Blutfarbstoff Hämoglobin zu Methämoglobin entwickeln, das bei Erwachsenen

Das Salz in der in der Wurst ist die Basis Ihrer Gewürzkreation.

unschädlich ist, es wird durch ein Enzym wieder umgewandelt. Kinder haben dieses Enzym aber noch nicht, bei ihnen mindert zu viel Nitrit den Sauerstofftransport im Körper. Daher sollte auf dem Speiseplan kleiner Kinder keine stark nitrithaltige Wurst stehen. Zudem steht Nitrit im Verdacht, Krebs zu erregen, allerdings wird das in der Wissenschaft kontrovers diskutiert.

Ausgleich (oder Ersatz) kann die Zugabe von Ascorbinsäure schaffen. Sie gibt der Wurst ebenfalls Röte und baut schädliche

> **SALPETER**
> Salpeter ist der Trivialname einiger häufig vorkommender Nitrate und hat entscheidende Vorteile gegenüber fertigem Nitritpökelsalz: Es hemmt Bakterien besonders gut. Außerdem entwickelt es bei langen Reifezeiten ein besonders volles Aroma und eine intensive Farbe. Wenn Sie Salpeter in der Apotheke bestellen, bekommen sie meist Natrium nitricum cryst., Chilesalpeter, das für das Pökeln weltweit verwendet wird. Es gibt aber noch andere Salpeterarten, zum Beispiel Ammonsalpeter, Barytsalpeter, Kalisalpeter oder Kalksalpeter.
> Dosierung: etwa 2–5 g auf 100 g Salz.

Stoffe ab. Speziell für kleine Kinder sollten Sie in Brüh- und Kochwürsten das Pökelsalz reduzieren oder ganz weglassen (die Wurst ist dann halt gräulich statt rosa). Ansonsten gilt auch hier: Die Dosis macht das Gift!
Wenn Sie *wenig NPS verwenden* wollen:
- Für Brüh- und Kochwurstsorten reicht eigentlich normales Salz – wenn Sie die graue Färbung der Wurst nicht stört.
- Bei Brühwürsten können Sie den Nitritgehalt reduzieren und die rötliche Farbe dennoch bewahren, indem Sie die Hälfte des Pökelsalzes durch Speisesalz ersetzen und etwas Ascorbinsäure (1 g auf 1 kg Wurstmasse) zugeben.
- Bei Rohwürsten bitte keine Experimente! Sie gelingen nur mit Pökelsalz – oder mit Salz und einem Zusatz von Salpeter. Sie können aber Ascorbinsäure zugeben.

Sie können sich ihr eigenes Pökelsalz mischen, so wissen Sie ganz genau was drin ist: 16–25 g Salz, 0,2–0,5 g Salpeter (1 Msp.) und 2–5 g Zucker gut vermengen, fertig.
Dosierung Pökelsalz: Nehmen Sie etwa 15–25 g auf 1 kg Wurstmasse.

SÜSSE Zucker sorgt zusätzlich für Konservierung, indem er die Bildung der Milchsäurebakterien fördert. Sie haben die Wahl: Greifen Sie zu Honig, braunem Zucker, Rohrzucker, Haushaltszucker oder Traubenzucker. Nur Puderzucker ist ungeeignet, da er die Säurebildung zu stark beschleunigt.
Dosierung: Nehmen Sie etwa 3–5 g auf 1 kg Wurstmasse.

Honig kurbelt den Reifeprozess der Wurst an.

Das kann rein

*Nicht alle diese Zutaten müssen in die Wurst.
Wägen Sie Vor- und Nachteile ab und entscheiden Sie
ganz nach Ihrem Geschmack.*

PHOSPHAT Phosphat sorgt in Brühwürsten für eine gute Bindung der Wurstmasse und verhindert, dass sich Gelée oder Fett absetzt.
Dosierung Phosphat: ca. 3–5 g auf 1 kg Wurstmasse.
Auch Backpulver und Cola enthalten Phosphate, sodass Sie zur Not auch darauf zurückgreifen können.
Dosierung Backpulver: 1 schwacher TL auf 1 kg Wurstmasse.

Backpulver als Phosphatersatz sorgt für eine gute Bindung in der Wurst.

Dosierung Cola: 30–50 ml auf 1 kg Wurstmasse.
Phosphat ist als Nahrungsmittelbestandteil in geringen Dosen wichtig für den Knochenaufbau, kann jedoch Überempfindlichkeiten und Allergien auslösen. Als Ursache von kindlicher Hyperaktivität gilt es jedoch als widerlegt. Verwenden Sie also nur so viel wie nötig und so wenig wie möglich.

ASCORBINSÄURE Vitamin C, auch Ascorbinsäure genannt, hat neben der Aufgabe, die Wurst erröten zu lassen, einen ganz wesentliche Eigenschaft: Die organische Säure reduziert das gefährliche Nitrit. Gleichzeitig baut sie Nitrosamine ab. Diese Eigenschaft macht sie besonders wertvoll.
Dosierung: ca. 1 g auf 1 kg Wurstmasse.

SCHNELLREIFEZUSÄTZE Diese Hilfsmittel gibt es in Onlineshops als Fertigmischung für die Rohwurstherstellung. Sie dienen als Pökelmittel, Umrötungsbeschleuniger und Gewürz in einem.
Für den Anfang oder wenn's mal schnell gehen muss, kann der Einsatz von Schnellreifezusätze hilfreich sein, da die Reifung damit schon in 1–2 Tagen abgeschlossen ist. Schnittfest wird die Wurst allerdings erst nach 7–10 Tagen.
Man sollte aber wissen, dass in den Schnellreifern allerlei unnötige Zusatzstoffe enthalten sein können, die den natürlichen Geschmack negativ beeinflussen können.
Dosierung: nach Herstellerangaben.

EMULGATOREN, FARBSTOFFE UND GESCHMACKSVERSTÄRKER Diese Stoffe sind in vielen Würsten verarbeitet. Sie werten das Endprodukt optisch auf, den Geschmack und die Qualität verbessern sie aber kaum. Für die häusliche Küche benötigen Sie diese Zusatzstoffe deshalb nicht unbedingt. Wer sich damit beschäftigen möchte, findet im Internet eine Vielzahl von möglichen Zusatzstoffen.

> **DAS GEHEIMNIS DER GESCHMACKSVERSTÄRKER**
> Geschmacksverstärker sensibilisieren die Mundpapillen und binden sich direkt an die Rezeptoren der Geschmacksknospen. So intensivieren sie den Geschmack von sauer, süß, salzig und bitter. Ein Japaner entdeckte Anfang des 20. Jahrhunderts eine fünfte Geschmacksrichtung – umami. Sie steht für herzhaft, pikant, würzig, fleischig – und für den Geschmacksverstärker Glutamat. Umami entscheidet häufig über das Kaufverhalten der Verbraucher, weshalb Glutamat oft Fleischprodukten beigegeben wird.

Das darf rein

Diese Zusätze sorgen für besonders guten Geschmack in der Wurst. Stellvertretend für eine schier unermesslich große kulinarische Vielfalt finden Sie hier einige Zutaten, die Ihre selbst gemachte Wurst einzigartig machen.

GEMÜSE, PILZE, OBST – GETROCKNET, EINGEKOCHT, EINGELEGT ODER FRISCH In die Wurst muss nicht nur Fleisch, sondern darf auch Gemüse:
Kapern, Knoblauch, Zwiebeln, Oliven, Gewürzgürkchen, Möhren, Lauch, Meerrettich, Kürbis, Paprika, Tomaten, Spargel, Peperoni, Pilze wie Steinpilze, Trüffel und Champignons.
Früchte machen oft das Besondere in der Wurst aus. Hier einige Ideen:
Zitrone, Orange, Limette, Apfel, Birne, Beeren allgemein, Kirsche, Trocken- und Backobst wie Aprikosen, Datteln, Pflaumen, Preiselbeeren, Cranberrys, Granatapfelkerne oder Berberitzen.

ALLERLEI GEWÜRZ – ALS SAMEN, KAPSELN ODER PULVER Ob klassisch, asiatisch, für Hausmacherart, Orientfeeling oder Spirit of America – hier finden Sie für jede Richtung das Passende:
Chilischoten, Ingwer, Kardamom, Koriander, Kurkuma, Kreuzkümmel, Kümmel, Macis, Chili, Muskat, Nelken, Paprika rosenscharf und edelsüß, Pfeffer, Piment, Wacholderbeere, Zimt, Cayenne, Curry, Currykraut, Curryblätter, Kakao, Rosa Beeren, Fenchel, Anis, Senfsaat, Vanillemark, Vanillezucker ...

SAURES FÜR DIE WURST
Es muss nicht immer nur Zitrone oder Limette sein (obwohl die sich natürlich in der Wurst sehr gut machen). Für kulinarische Vielfalt sind auch diese säuerlichen Zitrusfrüchte einsetzbar:
- Sanguine (Blutorange)
- Ugli (jamaikanische Mandarine-Grapefruit-Frucht)
- Kumquat (säuerlich-herbe Zwergorange)
- Tangerine (magnesiumreich, intensiver Geschmack, Zitronenersatz)
- Cedro (Mittelmeerzitrone)

Für alle, die es genauer wissen wollen, hier eine kleine Gewürzkunde. Manche davon sind regelrechte Wurstgewürzklassiker, andern muten uns exotisch an. Eines haben sie alle gemeinsam: sie sind alle lecker!

Macis, Mazis, Macisblüte oder Muskatblüte: Samenmantel des Muskatnussbaums. Dieser wird getrocknet und schmeckt ähnlich wie die Muskatnuss, die er umgibt, nur einiges milder.

Kurkuma oder Kurkume, auch Gelber Ingwer, Safran-, Gelb- oder Gilbwurz: stammt aus Südasien und zählt zu den Ingwergewächsen. Kurkuma enthält verdauungsanregende ätherische Öle.

Piment, auch Nelkenpfeffer, Jamaikapfeffer, Neugewürz, Englisches Gewürz: gehört zu den Myrtengewächsen. Verwendet werden die unreifen Früchte als Körner oder Pulver, die Blätter als „Westindischer Lorbeer".

Kardamom: ursprünglich südindisches Ingwergewächs. Es gibt grünen Kardamom (Malabarkardamom, Ceylonkardamom) oder schwarzen, auch Nepalkardamom oder Brauner Kardamom genannt.

Tamarind: auch Indische Dattel oder Sauerdattel. Tamarindensaft kann man als Zitronensaftersatz nehmen.

Sumach: ist ein Gewürz aus einer Pflanzenart der Gattung Sumach (Rhus) und ein arabisch-asiatisches Gewürz mit säuerlicher Geschmacksnote.

Frisch oder getrocknet – Blüten und Kräuter

Buntes und feine Aromen in der Wurst? Immer! Individuelle Varianten bekommen Sie damit:

Majoran, Thymian, Salbei, Pimpinelle (Kleiner Wiesenknopf, nicht zu verwechseln mit der „Bibernelle" aus der Familie der Doldenblütler), Rosmarin, Oregano, Schnittlauch, Petersilie,

Klassisches Wurstgewürz: Macis, auch Muskatblüte genannt.

Basilikum, Liebstöckel, Minze, Schabzigerklee, Kerbel, Bohnenkraut, Borretsch, Estragon. Bockshornklee, Quendel, Bärlauch, Safran, Engelwurz, Sauerampfer, Ysop. Blüten, wie zum Beispiel von Lavendel, Rosen und Orangen.
Tipp: Sehen Sie sich mal in Teeregalen um. Da finden Sie interessante *Kräutermischungen*, die wunderbar für die Wurstherstellung geeignet sind. Achten Sie darauf, dass die Mischungen nicht mit künstlichen Aromastoffen aufgepeppt sind.
Für 1 kg Wurst nehmen Sie 2–4 EL davon, übergießen diese kurz mit sehr wenig kochendem Wasser. Für Rohwurst: Kräuter gut abtropfen lassen. Für die anderen Sorten können Sie die Mischung gleich einarbeiten.

ETWAS ZUM ZUBEISSEN – NÜSSE UND KERNE Ob roh oder geröstet, gekocht, gemahlen oder gehackt, Nüsse sorgen für besondere Raffinesse in der Wurst, zum Beispiel Walnüsse, Haselnüsse, Mandeln, Pistazien- oder Pinienkerne.

FEINE AROMEN – ALKOHOLIKA Ein wenig Alkoholisches gibt eine besondere Note und hemmt obendrein die Bakterienbildung. Greifen Sie hin und wieder zu Sherry, Madeira, Angostura, Noilly Prat, Portwein, Marsala, Weinbrand, Brandy, Whiskey, Obstbrände, Kognak, Calvados, Wermut, Weine aller Art, Cointreau oder Rum.

LECKER UND HILFREICH – MILCHIGES Milchiges macht die Wurst nicht nur *sämig*. Damit speziell der Rohwurstteig noch mehr Feuchtigkeit abgibt – denn diese ist idealer Nährboden schädlicher Bakterien – gibt man zusätzlich Milchsäurebakterien dazu. Sie verwandeln den Milchzucker (Laktose) in der Wurst zu Milchsäure, die wiederum den pH-Wert senkt und die Wurst anregt, mehr Wasser an ihre Umgebung abzugeben – sie wird trockener, damit schnittfester und *haltbarer*. Toller Nebeneffekt: Milchsäure sorgt für leckere *aromawirksame Verbindungen.*
Milchsäurebakterien kann man einfach in Form von Schlagsahne, Schmand, Joghurt oder Buttermilch zugeben. Es gibt sie aber auch in gefriergetrockneten Kulturen, wie sie auch für Käse verwendet werden (1 Msp. auf 1 kg Wurst).
Eine genaue Dosierungsvorschrift gibt es hier nicht, aber ein bis zwei Esslöffelchen Schlagsahne, Schmand, Naturjoghurt oder Buttermilch auf 1 kg Rohwurstmasse tun jeder Wurst gut. Bei Brühwürsten kann auch mehr rein (10–25 % der Fleisch-Fett-Gesamtmenge), damit sie schön sämig werden.

Auch mit Teekräutermischungen kann man ganz besondere Wurstsorten zaubern.

Saucen, Pasten und mehr Besonders würzig: Melasse, Sirup, Essig, Balsamico, Tabasco, Worchestershire-Sauce, Sojasauce, Senf, Tomaten- und Paprikamark, Meerrettich, Pesto, Wasabipaste, Käse, Sardellen oder Krabben.

Das richtige Mass

Tropfen, Teelöffel, Esslöffel oder Messerspitze … Aber wie viel ist was tatsächlich?

Hier die ungefähre Umrechnung in Gramm zum Beispiel für Pulver oder Flüssigkeiten:

- 1 TL gestrichen: 2–5 g, entspricht etwa $\frac{1}{3}$ EL
- 1 EL gestrichen: 10–15 g, entspricht etwa 3 TL
- 1 Prise: 0,05 g (die Menge, die beim Greifen zwischen Daumen und Zeigefinger gehalten werden kann)
- 1 Messerspitze: 0,2–0,5 g (die Menge, die auf dem ersten Zentimeter eines Messers, waagrecht wieder heraus genommen, liegen bleibt, entspricht ca. 2 Prisen)
- 1 Tropfen: 0,05 g (20 Tropfen = 1 g)
- 1 Spritzer: 1 g (die Menge einer Flüssigkeit, die aus einer Flasche (mit dünner Spitze) kommt, wenn diese einmal ganz kurz gekippt wird)
- 1 Schuss: 5–10 g (die Menge einer Flüssigkeit, die aus einer Flasche (je nach Halsweite) kommt, wenn diese einmal ganz kurz kräftig gekippt wird)

Ab in die Pelle

Nirgendwo steht geschrieben, dass Wurst in eine Haut gehört. Es gibt nämlich noch ganz andere Methoden – und die sind oft viel einfacher und sehen hübscher aus.

WELCHE HÜLLE FÜR WELCHE WURST? Tja, die Hüllen ... oder umgangssprachlich Pellen. In denen genau liegt der Hund ... also, die Wurst ... begraben! Denn welche Hülle zu welcher Wurst passt, ist manchmal gar nicht leicht zu entscheiden, da gibt es auch kein Patentrezept. Erfreuen Sie sich einfach daran, dass Sie im Prinzip jede Wurst in fast jede Hülle – inklusive Gläser und Tücher – stecken können, vorausgesetzt Sie achten auf drei Dinge:

1. Nicht alle Hüllen im Handel sind für Roh-, Brüh- und Kochwürste gleichermaßen geeignet. Rohwursthüllen müssen mitschrumpfen, Pellen für die anderen Würste müssen hohe Temperaturen aushalten.
2. Ist die Hülle essbar oder nicht? Ein Wienerle will man ja schließlich nicht erst schälen müssen. Naturdärme sind essbar, ebenso Därme auf Kollagen- oder Eiweißbasis.
3. Für den Fall, dass Sie die Wurst noch räuchern wollen, brauchen Sie natürlich räucherbare Hüllen.

Es gibt
- natürliche Wursthüllen und
- künstliche Wursthüllen

Ob Natur oder Kunst, es gibt im Handel – und vor allem im Onlinehandel – unzählige Hersteller, die Ihnen Hüllen für jedwede Wurst ins Haus liefern: die durchsichtige Hukki für Rohwürste ohne Räuchern, die Oskuda multibraun für Brüh- und Kochwurst ohne Räuchern, den Kranzdarm räucherbar für Roh-, Koch- und Brühwürste und so weiter und so fort.

Natürliche Wursthüllen Sie sind generell essbar, weil sie aus tierischem Material gewonnen werden – also aus Darm, Blase, Magen oder Speiseröhre von Rindern, Kälbern, Schweinen oder Schafen. Die Hüllen unterscheiden sich im Durchmesser: die dünnsten stammen von Schafen, die dicksten von Rindern. Damit sie als Wursthaut verwendet werden können, müssen sie je nach Art gewendet, entfettet, gewässert, gesalzen, eventuell getrocknet und immer auf Löcher überprüft werden. In der Industrie übernehmen das Darmsortierbetriebe.

DAS MASS DER DINGE
Länge: Därme werden in Yards gemessen. 100 Yards entsprechen 91,44 Meter. Beim feinen Saitlingdarm braucht man für diese Länge 6–7 Schafe.
Dicke: Der Durchmesser der Würste wird in Kalibern gemessen.

Handling:
- Naturhüllen müssen in Salzlake und kühl – unter 10 °C – gelagert werden. So sind sie meist drei Monate haltbar.
- Vor dem Gebrauch werden sie gewässert, das Abdrehen der Würste geht dann leichter. Auch das spätere Zubinden mit Schnur ist eine einfache Sache: Den Zwischenraum zwischen zwei Würsten zweimal im Abstand von 2 cm mit Schnur gut zuknoten, dann die Haut zwischen beiden Schüren durchschneiden – fertig!

Künstliche Wursthüllen Die ersten künstlichen Wursthüllen bestanden aus Pergamentpapier, später aus Hautfasern. Künstliche Wursthüllen gibt es in verschiedenen Ausführungen für alle drei Wurstsorten: Brühwurst, Kochwurst und Rohwurst. Sie unterscheiden sich in Rohstoff (wie zum Beispiel Kollagen, Polyamid oder Cellulose) und Beschaffenheit und kommen den natürlichen Hüllen oft recht nahe. Es gibt sie in verschiedenen Formen (gerade, kranzförmig etc.), Farben und Kalibern. Manche kann man essen, manche nicht, manche räuchern, manche nicht.
Wurstnetze dienen der Stabilität von Würsten. Sie zählen ebenfalls zu den künstlichen Wursthüllen.
Handling: Gehen Sie nach Herstellerhinweisen vor. Zum Beispiel müssen manche vor dem Gebrauch gewässert werden, wie ihre natürlichen „Kollegen".

Die Wursthüllen lassen sich am einfachsten mit Küchengarn abbinden.

Hausmacher-Pellen, ganz leicht genäht.

SELBST GENÄHT UND GEWICKELT – PRAKTISCH UND CHARMANT Schnell sind Hüllen aus leichten Baumwollstoffen, Mull (Windelstoff – gibt's in fast jedem größeren Drogerie- oder Supermarkt) oder dünnem Leinen genäht, eine interessante Alternative vor allem bei Rohwürsten. Die Würste sehen dann nicht so steril und einheitlich aus, sondern eben handmade!

Für längliche Würste: Stoffteile in beliebiger Größe zuschneiden (Rechtecke oder Quadrate). Die Stücke jeweils hälftig aufeinander klappen und an zwei Seiten, der langen und einer kurzen, zunähen – ein Schlauch ist entstanden, der dann nur noch gefüllt und gestopft werden muss. Oben zubinden. Schon fertig.

Für rundliche Würste Kreise schneiden, Wurstmasse mittig einfüllen, wie einen Beutel zubinden.

Ganz ohne Nähen: Noch einfacher ist es, ausgediente, schon etwas fadenscheinige Küchenhandtücher zuzuschneiden: Wurstmasse darin einwickeln, Enden zubinden, größere Wurststücke noch mit Schnur umwickeln. Pasten und Brühwürste wurden früher übrigens einfach in Handtücher gewickelt und darin gebrüht. Geht auch.

Handling:
Stoffhüllen wie auch alle anderen Pellen täglich etwas anfeuchten, zum Beispiel mit Wasser-Alkohol-Mischungen (1:1) wie Sherry- oder Portweinwasser. Das Ergebnis sind besonders aromatische Wurstsorten.

FOLIEN UND PERGAMENT Wer sich das leidige Stopfen ersparen möchte oder mit feinmechanischer Kompetenz nicht übertrieben gesegnet ist, kann sich – jedenfalls bei ungeräucherten Brüh- und Kochwurstsorten – wunderbar auch mit

Folie (Frischhalte- oder Alufolie) oder Pergamentpapier (Frühstückspapier) behelfen.

Handling:
- Wurstmasse auf der Folie portionieren, *stramm einwickeln*, die Enden mit Schnur oder Küchengarn fest zuknoten.
- Die Würste werden dann nach Rezeptvorschrift ganz normal gebrüht und schmecken hinterher genauso wunderbar wie Wurst in „echter" Pelle!

GLÄSER Am einfachsten geht's mit Gläsern. Damit können selbst Neulinge alle Brüh- und Kochwurstsorten locker haltbar machen. Es mag ungewöhnlich erscheinen, aber eine Lyoner bleibt eine Lyoner, auch wenn sie in einem Glas und nicht in einer Haut steckt.

Das Handling ist simpel und vielen bekannt vom Marmelademachen:
- Kochen Sie (Einweck-)Gläser und ihre passenden Deckel mit Wasser aus und stellen Sie sie kopfüber auf ein ausgekochtes und heiß gebügeltes Küchentuch. Wenn Sie die Gläser vor dem Füllen noch mit Alkohol (Sherry, Schnaps, Weinbrand) ausschwenken, verringert das die Verkeimung zusätzlich.
- Füllen Sie die Wurstmasse möglichst ohne Luftlöcher in die Gläser ein. Wichtig: Gläser stets nur zu ¾ voll füllen!
- Verschlossen wandern sie dann zum *Sterilisieren* in den Kochtopf oder den Backofen. Topf oder Backblech so auffüllen, dass die Gläser mindestens zur Hälfte im Wasser stehen. Bei 100 °C 10 Minuten pro cm Durchmesser haltbar machen.
- Nach dem Auskühlen sollten Sie die Gläser an einem dunklen und kühlen Ort aufbewahren.

DOSEN Für Dosen gilt dasselbe wie für Gläser. Einzig sie zu schließen, ist eine teure Angelegenheit, denn Sie brauchen dafür eine *Dosenverschließmaschine* – ohne geht's nicht. Vielleicht ist der Metzger Ihres Vertrauens bereit dazu, Ihre Wurst für Sie einzudosen? Die meisten machen das gerne! Und das Ergebnis lohnt sich, eingedoste Wurst schmeckt ganz besonders und ist am längsten haltbar.

Handling:
- Füllen Sie das Wurstbrät in Dosen und verschließen Sie diese mit der Maschine.
- Eine Dose mit 400 g Inhalt kochen Sie etwa 120 Minuten bei ca. 100 °C ein.
- Nach dem Kochen legen Sie die Dosen in lauwarmes Wasser und lassen nach und nach kaltes Wasser zulaufen, so kühlt die Wurst rasch ab.
- Nach dem Auskühlen können Sie die Dosen an einem kühlen Ort aufbewahren.

> **WURST AUS DEM AUTOMATEN**
> Wer größere Mengen Wurst in Gläsern oder Dosen füllen möchte, wird den automatischen Einkochtopf lieben. Einfach Wasser einfüllen, Temperatur einstellen, Gläser hinein und für die Kochzeit darin stehen lassen. Fertig. Für Brüh- und Kochwürste gilt generell:
> - pro 1 cm Durchmesser 10–12 Minuten Garzeit bei 70–100 °C
> - pro 100 g Dosengewicht 20–30 Minuten Garzeit bei 100–120 °C

Wurst für immer

Egal, ob nur bis zum nächsten Tag oder den ganzen Winter hindurch – wie man Wurst und Fleisch haltbar machen kann, haben die Menschen schon früh gelernt. Hier finden Sie die wichtigsten Stichworte.

PÖKELN Die Kunst des Pökelns ist uralt – man kannte das Verfahren bereits in der Antike. Die Menschen damals wussten eben um die Vorteile des Verfahrens: die Wurst oder das Fleisch wurde haltbarer, schöner und schmackhafter. Erstmals wissenschaftlich beschrieben wurde die Chemie des Pökelns um 1900. Seither ist klar, dass der Blutfarbstoff Hämoglobin beteiligt ist und dass das Nitrat des Fleisches durch Bakterien zu Nitrit umgewandelt wird. Das wiederum ist für die rötliche Farbe des Gepökelten verantwortlich. Das Geheimnis dieses uralten praktischen Wissens war gelüftet.

Sie können es heute auf mehrere Arten nutzen: Sie können Ihrer Wurst Pökelsalz zugeben, sie können kleinere Fleischstücke kurzzeitig mit Pökelsalz einreiben, um sie vor dem Weiterverarbeiten zu entwässern, Sie können Pökellake in Fleischstücke einspritzen und nicht zuletzt können Sie größere Fleischstücke in Pökellake einlegen.

Pökel-Basics So steht's in alten Büchern und gilt bis heute:
- Das Fleisch muss *gut gekühlt* sein, bevor es gepökelt wird (vorher mindestens 6–8 Stunden lang in den Kühlschrank legen).
- Die *Umgebungstemperatur* sollte bei 5–15 °C liegen.
- Fleischstücke täglich wenden und/oder umschichten, das heißt, untere Stücke nach oben legen (*Rotierverfahren*), maximal vier Fleischstücke übereinander legen.
- Nach der Pökelzeit Lake abschütten, Fleisch einige Tage durchbrennen lassen.
- Jetzt kann das Fleisch im Rauch oder an der Luft reifen.

Wie viel wovon?
- Menge Lake in Liter zu Fleisch in Kilo: 1:1.
- Verhältnis im Raum: Fleisch sollte 2–3 cm mit Lake bedeckt sein.
- Pro 1 kg Fleisch nehmen Sie 1 l Pökellake oder 30–40 g Pökelsalzmischung.
- Pro 1 cm Fleischdicke sollten Sie 1 Tag lang (24 h) Pökelzeit rechnen und ebenso lange fürs Durchbrennen.

Die Pökelmischung konserviert und würzt zugleich.

Kleine Rechnereien
- 1 Liter einer 10%igen Lake besteht aus 100 g (Pökel-)Salz und 900 g Wasser.
- 1 Liter einer 12%igen Lake besteht aus 120 g (Pökel-)Salz und 880 g Wasser.

Tricks und Kniffe für gutes Gelingen
- Pökellake stets einmal vor der Verwendung aufkochen
- Fleisch in der Lake beschweren, damit es ganz bedeckt bleibt
- zum Pökeln Behälter kühl stellen
- Pökellake zweimal die Woche umrühren
- wöchentlich Salzgehalt prüfen und eventuell nachsalzen

Der Ei- und der Kartoffel-Trick Mit einem frischen Ei kann man feststellen, ob der *Salzgehalt* in der Lake noch ausreichend ist: frisches rohes Ei In die Lake legen. Wenn es in der oberen Hälfte bleibt, ist alles gut, wenn es bis zur Hälfte und noch niedriger einsinkt, muss mit Salz nachgerüstet werden. Dazu die Gesamtmenge der Lake auswiegen, davon $1/5$ mit dem dreifachem Salzgehalt der ursprünglichen Lake neu ansetzen, aufkochen und abkühlen lassen, dann beide Laken zusammengießen.
Mit einer Kartoffel können Sie sich so behelfen:
- eine Kartoffel schälen
- Wasser in ein Gefäß geben
- Kartoffel ins Wasser legen
- Salz einrühren
- richtige Salzmenge ist erreicht, wenn die Kartoffel an der Oberfläche schwimmt

Trockenpökeln
- Fürs *Trockenpökeln* mischen Sie Pökelsalz, Zucker und Gewürze ad libitum.
- Das Fleisch wird mit Pökelsalz eingerieben oder bedeckt und lagenweise geschichtet und immer wieder gewendet. Stets auch unter, zwischen und über allen Fleischabschnitten Salz einstreuen!
- Die Gewebeflüssigkeit tritt aus, manchmal bis zu 50 %, die „Eigenlake" entsteht.
- Nach dem Trockenpökeln die Fleischstücke ½–1 Tag in kaltem Wasser wässern, dann gut mit warmem Wasser abwaschen, 2 Tage zum Trocknen aufhängen.

Beim sogenannten *Vakuumpökeln* wird das Fleisch mit dem Salz und einigen Gewürzen luftdicht verpackt (Vakuumiergerät oder Camping-Luftpumpe, Seite 60).

WAS IST DURCHBRENNEN?
Beim Durchbrennen ruht das Fleisch nach dem Pökeln noch einige Tage an einem dunklen Ort (5–15 °C, 65–85 % Luftfeuchtigkeit). Dadurch verteilt sich das Salz gleichmäßig. Gut durchgebranntes Fleisch ist später besonders zart und mürbe, hat ein ausgeprägtes Aroma und eine gleichmäßige Farbe. Besonders wichtig ist das Durchbrennen beim Pökeln mit normalem Speise- oder Meersalz.

Pökelsalz homemade

100 g Salz
1–3 g Salpeter
5–15 g brauner Zucker
10 g schwarzer Pfeffer
5 Wacholderbeeren grob zerstoßen

Pökellake ohne Nitritpökelsalz

1 l Wasser
250 g Salz
50 g brauner Zucker
je 1 TL Pfefferkörner und Wacholderbeeren
1 Rosmarinzweig
1 Knoblauchzehe zerdrückt
1–2 EL Obstwasser

Weinlake mit Salbei

je ½ l trockener Weißwein und Wasser
125 g Salz
50 g brauner Zucker
5 g Salpeter
1 Lorbeerblatt
2 Wacholderbeeren
je 1 Prise, Piment, Nelken, Muskat
3 frische Salbeiblätter

Lake „Classic"

1 l Wasser
je 150 g Salz und brauner Zucker
5–7 g Salpeter
1 Lorbeerblatt
je 2 Wacholderbeeren und Nelken
½ TL Pfefferkörner
1 Prise Muskat
je 1 kleiner Zweig Rosmarin, Thymian und Majoran

Süsse Wild-Rotwein-Lake

je ½ l Wasser und trockener Rotwein
150 g Salz
200 g brauner Zucker
6 g Salpeter
je ½ TL Pfefferschrot, Muskat, Piment und Nelken
1 Knoblauchzehe zerdrückt
je 1 Zweig Rosmarin und Pimpinelle

Bierlake mit Kümmel und Meersalz

je ½ l dunkles Bier und Wasser
120 g Meersalz
75 g brauner Zucker
5 g Salpeter
je 3 Pimentkörner, Wacholderbeeren und Nelken
½ TL Pfefferschrot und Kümmel

Weinlake wird mit Salbeiblättchen besonders aromatisch.

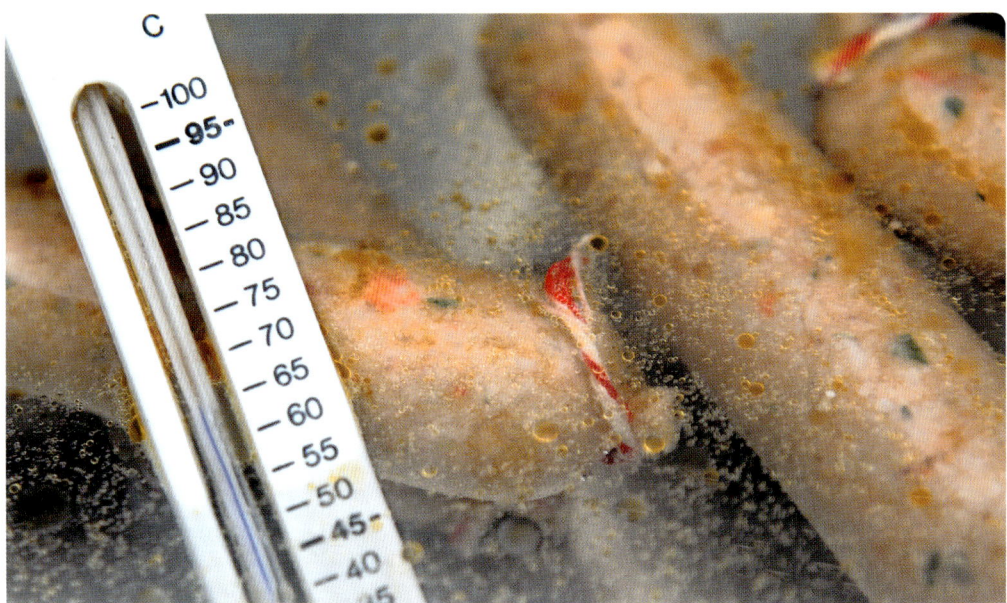

Schonendes Brühen – gut für den Geschmack und damit die Pellen nicht platzen.

Nasspökeln Bei dieser Methode wird das Fleisch so lange in eine Salzlake eingelegt, bis die Stoffkonzentration im Fleisch in etwa der Konzentration der Lake entspricht. Das heißt konkret: Fürs Nasspökeln brauchen Sie pro kg Fleisch 1 l 10–12%ige Salzlösung, pro cm Fleischdicke 24 Stunden Lakebad.

Einspritzen Beim Einspritzen wird die Pökellake direkt in das Fleisch injiziert, dadurch verkürzt sich die Verfahrensdauer um ein Drittel.

Poltern Bei diesem Verfahren wird nach der Injektion der Pökellake das Fleischstück wie Hefeteig geknetet und gewalkt, damit sich die Flüssigkeit im Fleisch gut verteilt. Die Pökelzeit bleibt wie beim Einspritzen.

GAREN, BRÜHEN, DÄMPFEN Brüh- und Kochwurst in Dosen und Gläsern (Seite 29) ist oft schon per se eine haltbare Form von Fleisch. Aber auch in anderen Hüllen konservieren Sie das Fleisch. Das ist dabei generell zu beachten:
- Gargut sollte schonend erhitzt werden, dafür sind Temperaturen von 65–95 °C am besten geeignet, Dampf bis ca. 110 °C.
- Pro Millimeter Dicke des Gargutes (inklusive Glas) ca. 1 Minute Kochzeit.
- Für Kochschinken rechnet man pro kg Fleisch ca. 60 Minuten Garzeit bei 70–80 °C.

Feine Hölzer für feines Aroma.

TROCKNEN Rohwurst wird getrocknet und auf diese Weise konserviert. Wie das geht, finden Sie auf Seite 44.

RÄUCHERN Auch das Räuchern ist ein uraltes und gängiges Konservierungsverfahren. Rauch trocknet die Oberfläche der Würste aus, die Bakterien können sich nur schwer vermehren. Je nach Holzart wird der Geschmack der Lebensmittel beeinflusst. Die am häufigsten verwendeten Hölzer sind *Buche, Eiche* und *Erle*. Man unterscheidet zwischen Kalt-, Warm- und Heißräuchern, wobei für die Wurstherstellung vor allem das Kalträuchern von Bedeutung ist.
Das Räuchermehl muss dabei naturbelassen sein und frei von Feuchtigkeit, Schimmel, Lack, Farbe, Kunststoff oder Leim. Das würde die Wurst „medizinisch" schmecken lassen und wäre giftig. Auch harziges Holz verdirbt den Geschmack. Für besondere Aromen können Sie das Holzmehl mit Gewürzen anreichern, mit Tannenzweigen oder Kräutern.

Räucherei selbst gemacht Wenn Sie räuchern wollen, können Sie das zu Hause in Ihrer eigenen „Räucherei" machen – und zwar am besten im Freien (an einem zugfreien, wind- und wettersicheren Ort ohne direkte Sonneneinstrahlung). Warnen Sie bitte die Nachbarn vor! Aber ganz ehrlich: Heiß- und Warmräuchern ist kinderleicht (dafür gibt es auch kleine Tischräucheröfen zu kaufen), doch Kalträuchern ist nichts für Ungeduldige!
Wichtig bei allen Räucherarten ist: Hängen Sie die Würste mit Abstand voneinander auf, sodass sie sich nicht berühren. Der Rauch muss alle Wurst- und Schinkenstücke gleichermaßen erreichen können.

Heißräuchern heißt:
- Garen und Räuchern in heißer Luft bei Temperaturen zwischen 80 und 100 °C
- Rauchdurchgänge von ca. 1–2 Stunden
- für kurze Haltbarkeit
- für besonderen Rauchgeschmack

Frisch geräuchert – lecker und lange haltbar.

Warmräuchern heißt:
- Garen und Räuchern in warmer Luft bei Temperaturen zwischen 40 und 70 °C
- Rauchdurchgänge ca. 1–1,5 Stunden
- für mittlere Haltbarkeit
- für zartes und aromatisches Räuchern

Kaltrauch heißt:
- Räuchern in kühlerer Luft bei Temperaturen zwischen 17 und 22 °C
- Rauchdurchgänge ca. 4–5 Stunden
- für lange Haltbarkeit
- für besonders intensiven Rauchgeschmack

Das ist eine Methode, mit der es mit dem Kalträuchern im Ofen oder im Freien als Alternative zu einem Räucherschrank funktionierten kann:
- Schichten Sie das Sägemehl dafür in einer *feuerfesten Schale* oder 2–3 cm hoch und möglichst eben auf.
- Darauf kommen vier glühende *Grillbriketts*. Alternativ können Sie das Sägemehl in Hufeisenform anrichten und direkt anzünden.
- Und dann geht's auch schon los mit dem *Qualm*, der nicht zu warm sein darf. Die Würste sollten so hoch hängen, dass der Rauch höchstens lauwarm bei ihnen ankommt. Glück, wer einen Räucherofen mit Temperaturanzeige hat, dann können Sie die Temperatur des Rauchs mit Luftluken und Türe anhand der Anzeige regulieren. Aber es geht auch ohne und nach Gefühl. Kaltrauch wird nicht als warm, bestenfalls lau empfunden. Alles was wir als warm empfinden, ist schon zu warm.
- *Wie lange* Schinken oder Wurst im Rauch hängen müssen? Man kann sagen, dass das Fleisch beim Räuchern etwa ein Viertel seines Gewichts verlieren muss. Das heißt also, immer schön wiegen: Schinken und Ähnliches schon vor dem Lakebad, Würste nach dem Abfüllen.

> **KALTRAUCH UND KEIN ENDE**
> Beim Kalträuchern wird das Fleisch dem Rauch in mehreren Durchgängen ausgesetzt, und zwar mindestens
> ein Räuchergang für kleinere Stücke bis 1 kg
> 2–3 Räuchergänge ab 1 kg
> 6–7 Räuchergänge ab 2 kg
> zwischen zwei Räuchergängen sind Pausen von 1–2 Tagen möglich

- Nach dem Räuchern die Würste und Schinken ohne Rauch im Ofen auskühlen lassen. Für die weitere Reifung sollten sie kühl, dunkel und luftig hängen.

WÜRSTE AUS DER ASCHE Bei der Aschereifung ist nicht viel zu tun. Anstatt die Würste oder Schinken in der Luft reifen zu lassen, werden sie (nachdem sie eventuell im Rauch waren) zur Desinfektion der Hülle mit etwas hochprozentigem Alkohol eingesprüht und anschließend in eine Pappkiste (*Schuhkarton mit Deckel*) in *durchgesiebte Holzasche* gelegt. Jedes einzelne Stück der „Einzuäschernden" erhält dabei ein eigenes Plätzchen – ohne Berührungen rechts oder links.
So gehen Sie vor:
- Brät in Stoffhüllen oder Wurstnetze füllen.
- Karton mit Asche 2 cm hoch befüllen.
- Würste einlegen, ohne dass sie sich gegenseitig oder die Kartonwände berühren; insgesamt nicht mehr als 500 g Gesamtwurstmasse pro Schuhkarton.
- Asche auffüllen, bis die Würste gut bedeckt (2–3 cm) sind. Den Karton verschließen, eventuell zubinden und mit dem Tagesdatum versehen.
- Ab damit in den Keller oder einen anderen kühleren Raum (8–18 °C) und wöchentlich ein Mal wenden.
- Nach der Reifezeit (pro cm Durchmesser eine Woche) werden Sie alle Kandidaten unversehrt vorfinden, sie sind nur etwas leichter geworden, denn die Asche hat ihre Feuchtigkeit aufgenommen.
- Jetzt heißt es, Hüllen abziehen (die sehen dann innen manchmal etwas fleckig aus, das macht aber nichts), danach abbürsten, mit Wasser oder etwa einem Sherry-Wasser-Gemisch (1:1) waschen und gut abtrocknen.
- Noch 1–2 Tage lufttrocknen lassen (am besten hängend) – fertig.

Tipp: Stoffhüllen können generell auch mehrmals verwendet werden. Aber vorher bei 90 °C waschen, trocknen und so heiß wie möglich bügeln!

Roh und köstlich

Rohwürste – das Handling

*Rohwurst herzustellen ist an sich unkompliziert:
einfach Zutaten mischen, abfüllen und aufhängen. Damit sie
nicht verdirbt, muss aber supersauber gearbeitet werden.*

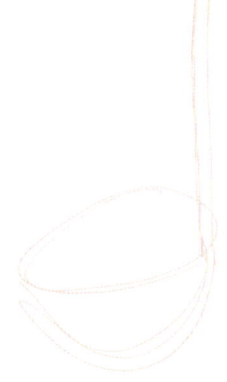

WIRD DAS NICHT SCHLECHT? Diese Frage stellt sich anfangs wohl jeder, der sich mit Rohwürsten beschäftigt. Denn bei dieser Wurst wird das Fleisch, wie der Name schon sagt, roh verarbeitet und meist auch so verzehrt.
Aber keine Angst vor Gammel und Co. Im Gegenteil: Rohwürste sind manchmal sogar besonders lange haltbar. Bis es soweit ist, muss die Wurst allerdings reifen. Diesen Prozess definiert man zunächst (die ersten Tage) als Umröten. Währenddessen wird sie röter und entwickelt (hoffentlich) eine Barriere gegen unerwünschte Bakterien, damit sie hinterher ohne Kühlung gelagert werden kann.
Das eigentliche *Reifen* wird durch zwei Faktoren herbeigeführt. Erstens trocknet die Wurst. Je nach Dauer der Lagerung und der Art der Wurst kann sie dabei 40–50 % ihres Wassergehaltes verlieren. Zweitens setzt Milchsäuregärung ein, die den pH-Wert der Wurst absenkt und das führt wiederum dazu, dass die Wurst noch trockener, also haltbarer wird.

ROHE SORTENVIELFALT Die *schnittfeste* Rohwurst ist für Anfänger eine echte Herausforderung (obwohl sie eigentlich mit wenigen Handgriffen gemacht wird: mischen, abfüllen, trocknen, fertig)! Dafür brauchen Sie etwas Fingerspitzengefühl und Erfahrung. Schnittfeste Sorten nennen sich auch Hartwürste, regional verschieden auch Salami oder Landjäger, Mettwürste oder Cervelatwurst.
Streichfähige Sorten sind hingegen echte Einsteigerwürste. Sie machen fast alles mit und verzeihen manche Fehler. Doch warum ist die Streichwurst cremig? Es ist das Fett, genau genommen das viele Fett. Es verhindert das Austrocknen und sorgt dafür, dass die Wurst nicht zu fest wird. Zudem wird streichfähige Rohwurst ohnehin nicht intensiv getrocknet. Die Reifezeit ist bei diesen Sorten nur sehr kurz (1–3 Tage). Eine typische Vertreterin der Streichwurst ist, na klar, die allseits beliebte Teewurst!
Auch die *rohen Schinken* und die *Würste, die roh verarbeitet und dann gekocht werden*, wie die Krakauer zum Beispiel, gehören zu den Rohwürsten.

So gut sehen selbst gemachte Salami aus!

ROHWURST-BASICS Nehmen Sie für Rohwurst festes, wasserarmes, sehnen-, schwarten- und knorpelfreies Fleisch etwas älterer Tiere mit entsprechend niedrigerem pH-Wert, das beugt alles jeweils der Bakterienbesiedlung vor. In eine Rohwurst gehören keine Innereien.

Dazu kommt fester Speck. Ist er zu weich, wird das Ergebnis zu schmierig.

Tipp: Lassen Sie die alle tierischen Teile gleich beim Metzger wolfen, das spart Ihnen einen Arbeitsgang zu Hause.

A PROPOS KONSISTENZ

Das macht das Wolfen und Kneten leichter:

Schwarten, Knorpel und Kochen immer abschneiden und anderweitig verwenden (Schwarten braucht man zum Beispiel für Kochwurstsorten, Knorpel und Knochen für Sülzen. Also am besten einfach immer alles einfrieren).

Dicke Sehnen heraus schneiden, die mag der Fleischwolf nicht.

Fleisch für Roh- und Brühwürste stets gut anfrieren, dann schmiert es weniger beim Wolfen und Einfüllen.

Zum Durchkneten am besten alte Leder-Fingerhandschuhe anziehen (die Masse ist ja eiskalt) und Einmalhandschuhe drüber ziehen. Ihre Hände lieben Sie dafür!

Je feiner das Brät werden soll, desto kälter sollte die Verarbeitungstemperatur sein – also bei Brühwürsten Flüssiges immer als Eisschnee dazugeben.

- Rohwürste sind Diven in Bezug auf Wärme. Allzu schnell können sich auf der Masse Bakterien ausbreiten. Die Wurstmasse sollte also während des Verarbeitens nicht wärmer als 4 °C werden, deshalb: das gewolfte Material vor dem Verarbeiten 1–2 Stunden in den Gefrierschrank legen (anfrieren), damit es sehr kalt ist.
- Eine Umgebungstemperatur während der Verarbeitung von 5–15 °C ist ideal. Sicher gelingt das in den Monaten mit „r", also in der kühleren Jahreshälfte von September bis April.
- Die Fleisch- und Speckzutaten müssen, je nach Wunsch, wie grob oder fein die Wurst werden soll, mit dem Fleischwolf oder Pürierstab mehr oder weniger zerkleinert werden (eventuell mehrere Durchgänge). Man nennt den Zerkleinerungsgrad Körnung.
- Geben Sie zu dem angefrorenen tierischen Zutaten nun alles Weitere. Gewürze, Salz, Extras. Bitte nie das Salz vergessen – sonst wird die Wurst bald schlecht.
- Rohe Zutaten mit größerem Wasseranteil gegebenenfalls in Öl andünsten, damit sie damit nicht zusätzlich Feuchtigkeit in die Wurst bringen. Zudem hat das Andünsten den Vorteil, dass alles keimfrei wird. Danach bitte wieder abkühlen lassen.
- Flüssigkeiten werden bei Rohwürsten höchstens in kleinen Mengen zugegeben, daher müssen sie nicht unbedingt angefroren werden.
- Kneten Sie die Masse mit den Händen (Lederhandschuhe und Einmalhandschuhe drüber ziehen!) stets mehrmals sehr gründlich durch, bis sich alles gut verbindet. Das ist das A und O bei der Wurstherstellung!

Das Abfüllen in enge Hüllen geht mit einer Füllvorrichtungen am einfachsten.

- Stellen Sie die Masse vor dem Abfüllen nochmals 2 Stunden ins Gefrierfach, damit sie wieder schön kalt ist.
- Jetzt wird die Wurstmasse in feuchtigkeitsdurchlässige Hüllen abgefüllt – am einfachsten geht das mit angefeuchteten Stoffhüllen, die sie an den Enden mit einem Stück Schur zubinden. Wollen Sie die Würste später räuchern, müssen Sie auf jeden Fall räucherbare Hüllen verwenden (Stoff geht). Mehr Tipps zu Hüllen und zum Abfüllen finden Sie ab Seite 26.
- Nach dem Abfüllen müssen die Würste 2–3 Tage bei Raumtemperatur und mindestens 75 % Luftfeuchte umröten. Zwei verschiedene Methoden werden ab Seite 44 beschrieben.
- Danach die Würste zum Ausreifen in einen eher zugluftfreien, feuchten (mindestens 65 % Luftfeuchte) Raum mit 5–22 °C Temperatur, wie etwa ein luftiger Kellerraum, Schrank oder ein Gartenhäuschen, umhängen – ein Thermometer mit Hygrometer aus dem Baumarkt hilft bei der Ortsfindung.
- Würste erst täglich, dann alle 2–3 Tage mit Leitungswasser, dem auch Hochprozentiges beigefügt werden darf, besprühen (Sprühflasche).
- Eventuell auftretende Schimmelstellen täglich mit Salzwasser abwaschen.

Wichtig:
- Das Umröten und Reifen kann bei Hartwurstsorten schon mal einige Wochen dauern. Nicht die Geduld verlieren! Pro cm Durchmesser rechnen Sie etwa 1–2 Wochen. Die Rohwurst muss sich hinterher schön fest anfühlen. Wer es genau wissen will, muss die Wurst vor dem Abfüllen und während des Reifeprozesses wiegen. Sobald sie wenigstens 25 % an Gewicht verloren hat, dürfte sie fertig sein. Natürlich kann sie weiter reifen – bis sie steinhart ist, wenn gewünscht. Eine Dauerwurst kann sogar monatelang trocknen, doch ein Feuchtigkeitsverlust von etwa 25–30 % reicht bereits für eine längere Haltbarkeit aus.
- Sorgen Sie während der Umröte- und Reifephase für ausreichend Luftfeuchtigkeit. Sollte sie unter 65 % sinken, stellen Sie zusätzlich einen Eimer mit Wasser auf.
- Denken Sie auch daran: eher dunklere Lichtverhältnisse und so wenig Zugluft wie möglich.
- Rohwurst kann gegebenenfalls nach einigen Tagen des Umrötens kalt geräuchert werden. Allerdings nur bei Temperaturen um 20 °C. Höhere Temperaturen lassen das Fett „dahinschmelzen"!
- Nach der eigentlichen Reifezeit, also während der Lagerung, können Rohwürste noch nachreifen, am besten in einem trockenen, kühlen Raum. Und da können die Würste hängen

> **ROHWURST-ROULETTE**
> Eine ideale Temperatur von 5–22 °C? Genauer geht's nicht? Nein, denn genau hier liegt der Hase begraben! Es ist ein bisschen wie Roulette spielen. Jeder sagt etwas anderes. Der eine meint, 5–10 °C sind ideal, der nächste findet 18–22 °C für die Umrötungs- und Reifephasen am besten. Sicher liegen Sie bei einer Temperatur um die 15 °C.

Kein Aschenbrödel – Wurst im Aschebett.

und hängen und hängen oder liegen. Sie verlieren dabei immer mehr Feuchtigkeit und werden zusehends fester. Und leckerer …

Umröten und Reifen Wer nennt schon einen dunklen Kellerraum sein Eigen? Oder einen ebensolchen Speicher, der auch noch richtig temperiert ist, ausreichend feucht, gut belüftet aber nicht zugig? Eben!
Der häusliche Backofen tut's auch! So geht *die Backofenmethode*:
- Heizung abstellen und Rost möglichst hoch einschieben
- Würste am Rost so festbinden, dass sie frei hängen und nirgends anstoßen, weder am Nachbarn noch am Boden
- Fettpfanne mit Wasser zu ⅔ gefüllt auf den Ofenboden stellen – Achtung: Die Wurstzipfel dürfen nicht ins Wasser hängen! Wer ein Schälchen mit Kräutern (getrocknet oder frisch) in die Fettpfanne stellt, versorgt die Würste zusätzlich mit ganz besonderem Aroma
- Küchentuch in die Backofentüre klemmen, damit sie nicht zufällt
- Würste bei Raumtemperatur (18–22 °C) 2–3 Tage darin umröten lassen und täglich zweimal mit Wasser besprühen

Wer einen Räucherschrank besitzt, kann ihn zum „Umröte- und Reifeschrank" umfunktionieren. Hier *die Räucherschrankmethode*:
- Schrank in einem richtig temperierten Raum aufstellen
- Würste einhängen
- Wasser in die Räucherpfanne einfüllen
- Lüftungsklappen öffnen
- Küchentuch in die Schranktüre klemmen, damit sie nicht zufällt
- Würste nach Möglichkeit bei 18–22 °C 2–3 Tage darin umröten lassen und täglich zweimal mit Wasser besprühen
- Danach können Sie die Würste im Räucherschrank bei niedrigerer Temperatur reifen lassen.

Das beschleunigt die Reife
- geringer Durchmesser der Wurst
- Kaltrauch

FLIEGENSCHRANK
Früher stand ein Fliegenschrank in jeder Vorratskammer. Dort trockneten Würste, Schinken oder Käse in Ruhe und geschützt vor sich hin. Räumen Sie ein Stück Ihres Kellers, Ihres Speichers oder der Gartenlaube frei! Im Internet gibt es Fliegenschränke zu kaufen. Sie können auch selbst einen bauen: Dazu Fenster in die Türen und Seiten eines alten Schrankes sägen und mit Fliegengitter bespannen.

Von Teewurst bis Tatar

Große Brocken, kleine Häppchen. Gewürzt oder „nature": Rohwurst ist vielfältig wie kaum ein anderes Nahrungsmittel. Das ist eigentlich kein Wunder, ist sie doch eines der ältesten Lebensmittel, das die Menschheit kennt.

Teewurst gefällig?

STREICHWURST
Grundrezept für ca. 1 kg Wurst

500 g Hack, mager
150 g fetter Speck ohne Schwarte
350 g Schweinebauch ohne Schwarte und Knorpel
1 EL Nitritpökelsalz (oder Speisesalz + 1 Msp. Salpeter)
1 TL Zucker
1–2 EL Sahne oder Schmand
3 TL Gewürze gemischt

SO GEHT'S
- Zutaten anfrieren (damit sie höchstens 4 °C haben), wolfen, mischen, abfüllen und umröten
- eventuell räuchern und nur kurze Zeit (1–2 Tage) reifen lassen

GUTEN-MORGEN-WURST
mit frisch gebrühtem Kaffee und Orangen

600 g Rinderhack
200 g fetter Speck
200 g geräucherter Schweinebauch
20 g Meersalz
je 1 Msp. Salpeter und Ascorbinsäure
je 1 EL Orangenschale, Majoran und Schmand
Saft von ½ Orange
je 2 EL Zwiebeln gehackt, brauner Zucker, Marsala
4 EL starker Kaffee
je 1 Msp. Macis, Zimt, Nelken, Anis und Paprika edelsüß

SO GEHT'S
- Zwiebeln in etwas Öl andünsten, abkühlen lassen
- Fleisch und Fett anfrieren, zweimal wolfen
- alles mischen, kräftig durchkneten
- erneut anfrieren, dann abfüllen und abbinden
- 1–2 Tage umröten lassen
- für eine geräucherte Variante: einen Tag im Kaltrauch räuchern

MEIN TIPP:
Besonders lecker auf einem süßen Untergrund wie Johannisbeer-Gelée oder Honig.

> **HACKFLEISCH NOCH MAL WOLFEN**
> Wundern Sie sich nicht: In den Rezepten finden Sie mehrfach Hinweise dazu, Hackfleisch zu wolfen. Auch wenn das wie doppelte Arbeit erscheint, es lohnt sich. Die Hackfleischmasse wird dadurch insgesamt noch feiner zerkleinert.

Celler Zipfel
Streichwurst mit feinen Stückchen

500 g gemischtes Hack
350 g Schweinebauch
150 g fetter Speck
100 g feine Speckwürfelchen gebraten
1 Scheibe helles Toastbrot oder 1 helles Brötchen
20 g Fleur de Sel
1 Msp. Salpeter
5 g Heidehonig
je 1 Msp. Macis, Nelken, Majoran, Estragon und weißer Pfeffer
6 Kapern
je 2 EL Schnittlauch und Zwiebelwürfelchen
1 TL Orangenschale
2 EL Orangensaft

So geht's
- Fleisch, Speck und Bauch anfrieren
- Speckwürfelchen anbraten und auskühlen lassen
- Zwiebeln andünsten und auskühlen lassen
- Hack, Brot, Bauch, Zwiebeln und Kapern zweimal wolfen
- alles mischen, kräftig durchkneten, pürieren
- erneut anfrieren, dann abfüllen und abbinden
- 1–2 Tage umröten lassen
- für eine geräucherte Variante: einen Tag im Kaltrauch räuchern

Mein Tipp:
Diese Streichwurst ist sehr edel und auch für feine Tafeln geeignet – zum Beispiel als Vorspeise auf Crackern.

Celler Zipfel – edle Streichwurst mit Orangenschale und Estragon.

Princess
feine Teewurst in vier Variationen

1 kg gemischtes Hack
20 g Nitritpökelsalz
5 g brauner Zucker
je 1–2 Msp. schwarzer Pfeffer, Macisblüte, Paprika edelsüß, Piment, Koriander und Nelken
1 EL Madeira oder Weinbrand
1 TL Zitronenschale
für Caroline: keine weiteren Zutaten
für Mathilde: je 1 TL Thymian und Senfsaat
für Sophie: 1 EL Bergkräutermischung
für Dorothea: je 1 TL getrocknete Salbeiblättchen und Tomatenstückchen

So geht's
- Fleisch und Fett anfrieren, wolfen
- alles mischen, kräftig durchkneten, pürieren, erneut anfrieren
- Masse vierteilen
- nach Prinzessinnen-Art würzen, abfüllen, abbinden
- 1–2 Tage umröten lassen, dann für 1–2 Tage in den Kaltrauch

> **Warum die Teewurst Teewurst heisst**
> Nein, es ist kein Tee in der Teewurst drin ... aber angeblich stammt sie aus Pommern. Dort lebte von 1841 bis 1925 die Fleischermeistertochter und spätere Fleischersgattin Karoline Ulrike Rudolph, welche die Rezeptur 1866 mit in die Ehe gebracht und die Wurst allzu gern zum Nachmittagstee verspeist haben soll – weil diese ihrer Meinung nach besonders gut zu Tee passte. Recht hatte die Gute – ein Stück frisches Brot mit Teewurst zu einer Tasse Tee – ein Hochgenuss!

Rote Pute
Putenstreichwurst mit schwarzen Oliven und Piri Piri

500 g gemischtes Hack
200 g fetter Speck
300 g Putenfleisch
20 g Meersalz
1 Msp. Salpeter
5 g brauner Zucker
je 1–2 Msp. Macis, Paprika edelsüß und rosenscharf, Koriander, Kardamom und Piment
2 EL Sherry
4 EL schwarze Oliven entkernt und gewürfelt
1 Piri Piri in feinen Streifen

So geht's
- Fleisch und Fett anfrieren, wolfen
- alles mischen, kräftig durchkneten, pürieren
- erneut anfrieren, dann abfüllen und abbinden
- 1–2 Tage umröten lassen
- für eine geräucherte Variante: 2 Tage in den Kaltrauch

Salami und ihre Geschwister

SCHNITTFESTE ROHWURST
Grundrezept für etwa 1 kg Wurst

700 g Hack mager
100 g fetter Speck ohne Schwarte
200 g Schweinebauch ohne Schwarte und Knorpel
1 EL Nitritpökelsalz (oder Speisesalz + 1 Msp. Salpeter)
1 TL Zucker
1–2 EL Sahne oder Schmand
3 TL Gewürze gemischt

SO GEHT'S
- anfrieren, wolfen, mischen, abfüllen, umröten
- eventuell räuchern und längere Zeit (pro cm Durchmesser 1 Woche) reifen lassen

KRÄUTERPOWER
Salami mit Kräutermischung

500 g Schweinelende
500 g Schweinebauch
1 EL Himalayasalz
1 Msp. Salpeter
je 2 EL Pfefferschrot, Weinbrand und Tee- oder Kräutermischung
2 Spritzer Tabasco
je ½ TL Macis, Piment, Senfmehl, Koriander
1 TL Worchestershire-Sauce

SO GEHT'S
- Fleisch und Bauch anfrieren, wolfen
- Gewürzmischung mit wenig kochendem Wasser 2 Minuten brühen, Wasser abgießen, abkühlen lassen
- alle Zutaten dazugeben und gründlich durchkneten
- in mit Weinbrand getränkte Stoffhüllen wickeln, abbinden
- Würste zum Umröten und Reifen aufhängen, regelmäßig mit Weinbrandwasser (1:1) befeuchten
- Reifezeit pro cm Durchmesser: 2 Wochen

MEIN TIPP:
Beim Würzen können Sie Ihrer Phantasie freien Lauf lassen. Aromatisieren Sie Ihre Kräuterwurst mit einer Fertig-(Tee-)Mischung, zum Beispiel aus Basilikum, Zitronengras, Fenchel, Zimt, Ingwer, Eukalyptus, Süßholz, Thymian, Kardamom, Pfeffer und Nelken; oder einfach mal nur mit Kräutern der Provence.

Die Junge Wilde hat einen feinen Inhalt: Maronen.

Junge Wilde
Wildschweinsalami mit Maronen

600 g Wildschweinfleisch
200 g Schweinebauch
200 g fetter Speck
20 g Nitritpökelsalz
1 Knoblauchzehe zerdrückt
1 TL Olivenöl
je 1 TL Honig, Bohnenkraut, Zitronen- und Orangenschale gemischt, eventuell Pimpinelle
je ½ TL Koriander, Piment, Ingwer, Nelken, Senfsaat gemahlen, Macis und Kreuzkümmel
1 TL bunte Pfefferkörner
4 EL Sherry (+ Sherry zum Befeuchten)
4–6 Maronen

So geht's
- Fleisch, Bauch und Fett anfrieren, wolfen
- Maronen schälen, klein hacken in Öl andünsten, abkühlen lassen
- alles mischen und gut durchkneten
- erneut anfrieren, dann abfüllen und abbinden
- zum Umröten aufhängen, eventuell vor dem Reifen kalt räuchern, regelmäßig befeuchten
- Reifezeit pro cm Durchmesser: 2 Wochen

> **Fix und fertig gemischt**
> Ob Leberwurst, Lyoner oder Landjäger: Fürs Wursten gibt es alle nur erdenklichen Fertigwürzmischungen. Darauf kann jeder zurückgreifen, der sich unsicher ist oder wem das Experimentieren mit selbst abgestimmten Zutaten noch unheimlich ist: Sie nehmen ca. 3–5 g Würzmischung pro kg Wurstmasse und schon haben Sie eine fein abgestimmte Note für die entsprechende Wurst. Aber Achtung! Meist steckt in den Fertigmischungen viel Glutamat.

Salame con nocciole
Salami mit ganzen Nüssen

600 g gemischtes Hack
200 g Schweinebauch
100 g fetter Speck
18 g Nitritpökelsalz
1 EL Schmand
je 1 TL brauner Zucker, Paprika edelsüß und rosenscharf, Pfefferschrot
je 1 Msp. Piment, Macis und Senfsaat
2 EL Rum
1 Handvoll ganze Haselnüsse

So geht's
- Fleisch und Bauch anfrieren, wolfen
- Haselnüsse 2 Minuten mit kochendem Wasser überbrühen, Wasser abgießen, abkühlen lassen
- alles mischen, gründlich durchkneten
- erneut anfrieren, dann abfüllen und abbinden
- zum Umröten und Reifen aufhängen, eventuell vor dem Reifen kalt räuchern
- Reifezeit pro cm Durchmesser: 2 Wochen

Kulinarisches vom Feinsten: Salami mit Fenchelgeschmack.

Salame al tartufo
edel mit Trüffeln

400 g mageres Rindfleisch
300 g Schweinebauch
300 g fetter Speck
25 g Salz
je 1 Msp. Salpeter und Ascorbinsäure
4 EL Trüffel gerieben
½ TL schwarzer Pfeffer, Kandis, Muskatnuss, Zitronenschale und Quendel (oder Thymian)
je 1 TL Trüffelbutter, Majoran und Knoblauch zerdrückt
1 EL Sahne

So geht's
- Bauch, Fett und Fleisch anfrieren, wolfen
- Trüffel, Majoran und Knoblauch in der Trüffelbutter andünsten, mit Sahne aufkochen, abkühlen
- alle Zutaten mischen, gut durchkneten
- erneut anfrieren, dann abfüllen und abbinden
- zum Umröten und Reifen aufhängen, regelmäßig befeuchten
- Reifezeit pro cm Durchmesser: 2 Wochen

Salame al finocchio
Salami mit mildem Fenchelgeschmack

700 g gemischtes Hack
200 g geräucherter Schweinebauch
100 g fetter Speck
25 g Nitritpökelsalz
5 g brauner Zucker
4 g Pfefferschrot
je 1 Msp. Koriander, Macis, Piment und Kerbel
1 TL Zwiebelwürfel
1 TL Öl
2–3 EL Fenchelsamen
2 EL Sherry trocken

So geht's
- Zwiebeln in Öl andünsten, abkühlen lassen
- Fleisch, Fett und Bauch anfrieren, wolfen
- alles mischen, kräftig durchkneten
- erneut anfrieren, dann abfüllen und abbinden
- zum Umröten aufhängen, regelmäßig befeuchten
- Reifezeit pro cm Durchmesser: 2 Wochen

Kleine Salamikunde
Früher hießen die „Salamis dieser Welt" einfach Hart- oder Dauerwürste – weil sie hart waren und lang hielten. So nennt sie heute kein Mensch mehr, aber letztlich ist eine gute Salame, so heißt sie im Italienischen im Singular, genau das: eine harte, feste und sehr lange haltbare Rohwurst. Es gibt mindestens 40 Sorten in Italien, meist mit Edelschimmelbelag. Sie unterscheiden sich in Fleisch, Gewürzen, Körnung und Reifezeit. Alle Sorten reifen durch Lufttrocknung bis auf „Napoli" und „Salame Secondigliano" – diese werden leicht geräuchert. Es gibt mehrere Qualitätsstufen wie extra, prima, seconda, terza und inferiori. Ursprünglich enthielten sie Esel- oder Maultierfleisch.

OLLE ZIEGE
Ziegensalami mit Feigen und frischen Salbeiblättchen

450 g Schweinehack
200 g Schweinebauch
200 g mageres Ziegenfleisch
1 Knoblauchzehe
1 EL Schmand
4 getrocknete Feigen
2–3 frische Salbeiblätter
20 g Nitritpökelsalz
je 1 Msp. Pfefferschrot, Ingwer, Macis, brauner Zucker, Paprika edelsüß und rosenscharf
½ TL Senfsaat

SO GEHT'S
- Fleisch und Bauch anfrieren, wolfen
- Knoblauch, Feigen und Salbei sehr fein schneiden und untermischen
- restliche Zutaten dazugeben, gründlich durchkneten
- erneut anfrieren, dann abfüllen und abbinden
- zum Umröten und Reifen aufhängen, regelmäßig befeuchten
- Reifezeit pro cm Durchmesser: 1–2 Wochen

JÄGERBEISSER
Hirschsalami in zwei Varianten

600 g Hirschfleisch
300 g Schweinebauch
100 g Flomen
1 EL Nitritpökelsalz
je 2 EL Schlagsahne und Petersilie
je 1 TL Kardamom, brauner Zucker und Zwiebelpulver
je 1 Msp. Macis, Nelken und Zimt
1 TL Orangenschale
1 EL Ingwer gerieben

SO GEHT'S
- Flomen, Fleisch und Bauch anfrieren, dann alles wolfen
- alle Grundzutaten dazugeben, gründlich durchkneten, Masse teilen
- Teighälften jeweils um die Zutaten der Varianten ergänzen
- erneut anfrieren, dann abfüllen und abbinden oder in Cointreau oder Sherry getränkte Stoffhüllen wickeln, abbinden
- zum Umröten: 2 Tage aufhängen
- Reifezeit pro cm Durchmesser: 1 Woche (täglich befeuchten) an der Luft oder 1–2 Monate im Aschebett

MEIN TIPP:
Varianten sind des Jägers Lust! Geben Sie zusätzlich je 2 EL Orangensaft und Cointreau (+ zum Befeuchten) und 6 gehackte Walnüsse dazu (Sommervariante) oder je 2 EL Holunderbeeren-Gelée, trockenen Sherry (+ zum Befeuchten) und 50 g Pistazien (Herbstvariante).

Bunter Pfefferkörner sehen gut aus und schmecken auch so.

Burschenwurst
herzhafte Landjäger – ein Klassiker der Wurstküche

700 g gemischtes Hack
250 g Schweinebauch
18 g Nitritpökelsalz
je 1 TL weißer Pfeffer, Kümmel, Senfkörner und brauner Zucker

So geht's
- Fleisch und Speck anfrieren, wolfen
- alles mischen, gründlich durchkneten
- erneut anfrieren, in schmale Hüllen abfüllen, abbinden
- Würste mit 2 cm Abstand nebeneinander auf ein sauberes Brett legen, mit einem zweiten Brett bedecken und für 24 Stunden beschweren
- einige Tage kalt räuchern
- zum Umröten und Reifen aufhängen, vor dem Reifen kalt räuchern, regelmäßig befeuchten
- Reifezeit pro cm Durchmesser: 1 Woche

Pfeffersäckchen
würzige Salami mit feinem Pfefferaroma

600 g gemischtes Hack
300 g geräucherter Schweinebauch
80 g fetter Speck
22 g Nitritpökelsalz
4 g brauner Zucker
1–2 EL bunte Pfefferkörner
je 1 Msp. Piment, Macis, Majoran und Thymian, Paprika edelsüß und rosenscharf
1 TL Zwiebelwürfel in 1 TL Öl gedünstet
1 EL Weinbrand

So geht's
- Fleisch, Fett und Bauch anfrieren, wolfen
- alles mischen, gründlich durchkneten
- erneut anfrieren, dann abfüllen und abbinden
- zum Umröten und Reifen aufhängen, regelmäßig befeuchten
- Reifezeit pro cm Durchmesser: 2 Wochen

Chorizo Barroco
mit spanischem Rotwein verfeinert

500 g Schweinehack
25 ml Rioja (+ zum Befeuchten)
2 Knoblauchzehen zerdrückt
je 1 EL Petersilie und Zwiebelwürfel
1 TL Butter
je 1 Msp. Muskat, Nelken, Paprika rosenscharf, Piment, Thymian, schwarzer Pfeffer und Chiliflocken
1 TL Paprika edelsüß
15 g Meersalz
je 1 Msp. Salpeter und Ascorbinsäure
5 g brauner Zucker

So geht's
- Fleisch anfrieren
- Knoblauch, Petersilie und Zwiebelwürfel in Butter andünsten, mit dem Rotwein ablöschen
- alles mischen, gut kneten
- erneut anfrieren, dann abfüllen und abbinden
- zum Umröten und Reifen aufhängen, eventuell vor dem Reifen kalt räuchern, regelmäßig mit Rotweinwasser (1:1) befeuchten
- Reifezeit pro cm Durchmesser: 2 Wochen

KÜMMELLÜMMEL
kräftig-derbe Rauchwurst mit Kümmelnote

1 kg Schweinehack
je 1 TL Pfeffer und brauner Zucker
1–2 TL Kümmel
18 g Nitritpökelsalz
1 Knoblauchzehe zerdrückt
1 EL Schlagsahne
je 1 Msp. Koriander, Piment, Nelken, Paprika edelsüß und rosenscharf, Bohnenkraut, Macis und Kardamom
2 EL Rum oder Weinbrand

So geht's
- Fleisch anfrieren
- Knoblauch in der Schlagsahne weich kochen, Masse abkühlen lassen
- alles mischen, gründlich durchkneten
- erneut anfrieren, dann abfüllen und abbinden
- zum Umröten und Reifen aufhängen, vor dem Reifen kalt räuchern, regelmäßig befeuchten
- Reifezeit pro cm Durchmesser: 1–2 Wochen

PORTWEINSCHNUCKE
feine Lammsalami

300 g Lammfilet
300 g Schweinebauch
je 1 EL Balsamicoessig und Nitritpökelsalz
je 2 EL Portwein (+ zum Befeuchten) und Schlagsahne
je ½ TL Ingwer, Piment und Macis
je 1 TL brauner Zucker, Zwiebelpulver und Thymian
6 Backpflaumen klein geschnitten
je 1 TL Kardamom und Zwiebelpulver
je 1 Msp. Macis, Nelken und Zimt

So geht's
- Fleisch und Bauch anfrieren, wolfen
- alle Zutaten dazugeben, gründlich durchkneten
- mit in Portwein getränkten Stoffhüllen umwickeln, abbinden
- Würste zum Umröten und Reifen 2 Tage aufhängen, regelmäßig mit Portweinwasser (1:1) befeuchten
- Reifezeit pro cm Durchmesser: 1–2 Wochen

Lammsalami mit feinem Portwein- und Backpflaumenaroma.

Mein Tipp:
Noch einfacher: Umröten und Reifen 2 Tage, dann 1–2 Monate ins Aschebett (Seite 37).

> **Schimmel an der Rohwurst – und nun?**
> Weißer Schimmel an den Wursthüllen ist in Ordnung, die Franzosen nennen das Fleur de Saucisse: Blume der Wurst. Er zeigt an, dass der Reifeprozess im Gange ist. Wen er stört, der wäscht die Würste mit leicht erwärmtem Salzwasser ab – notfalls sogar täglich. Der Reifeprozess ist abgeschlossen, wenn sich kein neuer Schimmel mehr bildet.

Roh gereift und kurz gebrüht

Rohe Kochwürste haben ihren Namen von ihrer Zubereitungsart. Eigentlich sind sie eine Mischung aus Roh- und Brühwürsten. Sie werden nämlich erst nach dem üblichen Verfahren für Rohwürste (trocknen, eventuell räuchern) haltbar gemacht und dann, wie Brühwürste, gegart. Die „echten" Brühwürste werden im Gegensatz dazu gleich nach dem Abfüllen erhitzt. Bekannteste Vertreterinnen der rohgekochten Würste sind die niedersächsische Bregenwurst, der Pinkel oder die Rohpolnische, die mit viel Knoblauch und Kümmel abgeschmeckt wird. Darüber hinaus gibt es viele regionale Wurstsorten.

Aber machen Sie doch einfach Ihre ureigene Rohgekochte mit ganz persönlich von Ihnen ausgewählten Zutaten. Eine Bielefelder, Heringsdorfer, Freiburger, Berner, Linzer, Biberachsche, Passauer, Marburgersche ... ganz egal, ob „-sche" oder „-er", sie haben alle einen einzigartigen Geschmack!

MARKGRÄFLER NUDEL
mit einem Schuss Gutedel

500 g Schweinehack
250 g Rinderhack
2 Knoblauchzehen zerdrückt
20 g Nitritpökelsalz
1 TL Honig
je 1 Msp. weißer Pfeffer, Macis, Paprika edelsüß und rosenscharf, Koriander und Piment
je 1 TL Majoran und rote Pfefferkörner
2 EL Markgräfler Gutedel

So geht's
- Fleisch anfrieren
- alles mischen, gut durchkneten, eventuell pürieren
- erneut anfrieren, dann abfüllen und abbinden
- 2 Tage kühl und trocken aufhängen, eventuell kalt räuchern, heiß genießen

Stuttgarter Lump
mit Zwiebeln und Kümmel

450 g Schweinefleisch mager
300 g Schweinebauch
150 g fetter Speck
20 g Nitritpökelsalz
je 3 EL säuerliche Äpfel und Zwiebeln fein gerieben
1 TL Butter
je ½ TL Pfefferschrot, Schabzigerklee, Macis, Zimt, Vanillezucker, Koriander und Kardamom
1 TL Kümmel

So geht's
- Fleisch und Bauch anfrieren, wolfen
- Äpfel und Zwiebeln in Butter andünsten, erkalten lassen
- alles mischen, gut durchkneten, eventuell pürieren
- erneut anfrieren, dann abfüllen und abbinden
- 1–2 Tage kühl und trocken aufhängen, dann eventuell kalt räuchern, heiß genießen

Mein Tipp:
Das Brät eignet sich aber auch für den „Laubfrosch": Brät mit einem eingeweichten Brötchen mischen, Masse auf frische Spinatblätter streichen, einwickeln und mit Rouladenklammern oder Nadeln fixieren, dann in der Pfanne oder im Backofen braten. Dazu passen Eierspätzle.

Ännchens Ostpreussische
mit Tilsiter, Kapern und Zwiebeln

800 g gemischtes Hack
200 g Schweinebauch
20 g Nitritpökelsalz
je 1 TL Honig und weißer Balsamicoessig
2 EL kleine Tilsiterwürfel
je 1 EL Sahne, Kapern püriert, Zwiebeln gewürfelt, Pfefferschrot und Piment
je ½ TL Zimt, Macis, Majoran und Thymian

So geht's
- Hack und Bauch anfrieren, zweimal wolfen
- alles mischen, gut durchkneten
- erneut anfrieren, dann abfüllen und abbinden
- 1–2 Tage kühl und trocken aufhängen, eventuell kalt räuchern, erhitzt genießen

Gesurtes und Geselchtes?
Tja, was das nun wieder heißen soll … Leben Sie im Süden der deutschen Republik, in Österreich oder in der Schweiz, kennen Sie diese Ausdrücke natürlich. Aber nördlich des Weißwurstäquators weiß niemand mit diesen Begriffen etwas anzufangen. Daher hier ein kurze „Übersetzung":
- Gesurtes („a Gsuats") = Gepökeltes
- Geselchtes („a Gsöichts") = Geräuchertes
Alles klar?

Berliner Weisse
mal eine andere Berliner Weiße

400 g gemischtes Hack
200 g Schweinebauch
400 g Kalbfleisch
20 g Meersalz
2 g brauner Zucker
je 1 EL Sahne, Walnuss-Stückchen, getrocknete Himbeeren und Senfsaat
2–3 EL Röstzwiebeln
1 Knoblauchzehe zerdrückt
je ½ TL Macis, Piment, Koriander, Curry, Majoran und Thymian

So geht's
- Fleisch und Bauch anfrieren, wolfen
- alles mischen, gut durchkneten, eventuell pürieren
- erneut anfrieren, dann abfüllen und abbinden
- 1–2 Tage kühl und trocken aufhängen, erhitzt genießen

Was darf's sein: Hackfleisch, Mett oder Tatar?

Egal ob man, wie in Deutschland, wolft, oder, wie in Österreich, faschiert, das Ergebnis ist immer gleich: klein gehacktes Fleisch. Kochbücher kennen das Hackfleisch auch als Gehacktes, Geschabtes, Faschiertes, Gewiegtes oder Haschee.

Frisches Hack darf hierzulande nur am Tag der Herstellung verkauft werden. Es darf höchstens 1 % Salz aufweisen. Schweinehack darf maximal 35 % Fett, Rinderhack maximal 20 % Fett und gemischtes Hack maximal 30 % Fett enthalten. Sie können die Fleisch- und Fettstücke an der Theke aber auch selbst aussuchen und vor Ort wolfen lassen. Fragen Sie einfach höflich nach!

Wird es fertig gewürzt angeboten, heißt es *Mett oder Hackepeter*. Auch hier scheiden sich die Geister: Puristen behaupten, an Mett gehöre nur Salz und Pfeffer, andere meinen, Kümmel, Majoran und Zwiebel dürften nicht fehlen. Dritte bestehen darauf, dass das thüringischste am „Thüringer Mett" ein ganz bestimmter Schnaps sei. Von dem wiederum behaupten böse Stimmen, dass er am Schlachttag allein für des Hausschlachters Kehle bestimmt sei.

Fazit: Für Mett gibt es keinen einheitlichen Geschmack. Jeder Metzger kann nach Gusto würzen. Nur die Grundlage ist definiert: gewolftes Schweinefleisch mit maximal 35 % Fettgehalt. Schinkenmett muss aus der Oberschale des Schweins geschnitten sein und gilt als besonders delikat.

Die Zutaten für Tatar Honkong lassen auf ein aufregend exotisches Essvergnügen schließen.

Mett
klassisch und in feinen Varianten

500 g Schweinehack
1 EL Salz
je ½ TL Pfeffer, Kümmel, Macis, Koriander, Muskat, Thymian und Oregano
1 TL Majoran gerebelt

So geht's
- Zutaten mischen, immer kühl stellen und schnell verbrauchen

Varianten
- Beschwipstes Mett: zusätzlich 2 EL eines feinen Obstlers
- Zwiebelmett: zusätzlich 2 Schalotten, ganz klein gehackt
- Kräutermett: zusätzlich je ½ Bund Schnittlauch, Petersilie und Dill
- Chilimett: zusätzlich 2 rote Chilischoten, in winzigen Würfelchen geschnitten
- Italienisches Mett: zusätzlich 2 EL kleingeschnittene, getrocknete Tomaten und 2 zerdrückte Knoblauchzehen
- Edles Gourmet-Mett: zusätzlich 1 TL Orangenschale und je 1 EL Limettensaft und Estragon

Tatar Nord-Süd
wie man's überall kennt

300 g Hack aus Rinderfilet
je 2 EL Gewürzgurken, rote Zwiebeln und Rote Beete jeweils gewürfelt
1 EL Weinbrand und Worchestershire-Sauce
2–3 EL Kapern
2 Sardellen in Streifchen
ca. 4 sehr frische Eigelb (Wachtel oder Huhn)
Salz und Pfeffer

So geht's
- Fleisch mit Salz, Pfeffer, Worchestershire-Sauce und Weinbrand würzen
- portionieren, alle weiteren Zutaten um die Portionen drapieren
- Vertiefung ins Fleisch drücken, jeweils 1 Eigelb pro Person hineingleiten lassen

> **Lieblingskind der Diätköche**
> Tatar oder Schabefleisch ist Hackfleisch vom Rind. Es wird aus hochwertigem, fettarmem Fleisch wie zum Beispiel Filet hergestellt und ist derzeit eines der Lieblingskinder in Diätküchen. Man isst es traditionell roh, nur leicht gepfeffert und gesalzen.

Tatar Hongkong
feine Crossover-Idee

300 g Hack aus Rinderfilet
3 EL Sojasauce
2 EL Sake (japanischer Reiswein)
1 TL brauner Zucker
je 1 Msp. Kurkuma, Chiliflocken und Curry
je 2 EL Lauch, Möhren, Pilze (beliebig), rote Paprika (in feinen Streifen) und Sojasprossen
4 EL Kokosmilch
1 Knoblauchzehe fein gehackt
1 EL Sesamsamen geröstet
ca. 4 sehr frische Eigelb (Wachtel oder Huhn)
Salz und Pfeffer

So geht's
- Fleisch mit Sojasauce, Sake, Zucker, Salz, Pfeffer, Kurkuma, Kreuzkümmel und Curry würzen, mischen und portionieren
- Gemüse mit Kokosmilch mischen und, wie alle weiteren Zutaten, um das Fleisch drapieren
- Vertiefung in die Fleischportionen drücken, jeweils 1 Eigelb pro Portion hineingleiten lassen

Tatar Mama Afrika
mit Lamm und Datteln

200 g Hack aus Rinderfilet
100 g Lammhack
je 4 Datteln und Oliven klein gehackt
1 EL Rosinen und Mandelsplitter
je 1 Msp. Kreuzkümmel, Muskat, Zimt, Orangenschale und Koriander
je einige Safranfäden und Minzeblättchen fein gehackt
ca. 4 sehr frische Eigelb (Wachtel oder Huhn)
Salz und Cayennepfeffer

So geht's
- Fleischsorten mischen
- mit Salz, Cayennepfeffer und den Gewürzen abschmecken, portionieren
- Zutaten um die Fleischportionen drapieren
- Vertiefung hineindrücken, jeweils 1 Eigelb pro Portion hineingleiten lassen

Tatar Scandinavia
lecker Fisch mit Fleisch

200 g Hack aus Rinderfilet
100 g Räucherlachs (in feinen Streifen)
je 2 EL fein gewürfelte Gewürzgurken und Schalotten
je 2 EL Kapern, Schmand und Forellenkaviar
je 1 TL Dijonsenf, dunkler Honig und geriebener Meerrettich
ca. 4 sehr frische Eigelb (Wachtel oder Huhn)
Salz und Pfeffer

So geht's
- Fleisch und Lachs mischen
- mit Salz, Pfeffer, Senf, Honig und Meerrettich würzen
- portionieren, alle weiteren Zutaten um das Fleisch drapieren
- Vertiefung in die Fleischportion drücken, jeweils 1 Eigelb pro Portion hineingleiten lassen

---

Was ist EU-Hackfleisch?

EU-Hackfleisch wird in Betrieben mit einer speziellen EU-Zulassung unter starken hygienischen Anforderungen hergestellt und dabei unter einer Schutzatmosphäre aus Sauerstoff und Kohlendioxid verpackt. Dadurch bleibt die rote Farbe länger erhalten, die Graufärbung wird verlangsamt und das Bakterienwachstum gehemmt.

Extra-Schmankerl: Schinken aller Art

*Zu den Rohwürsten zählt genau genommen auch der rohe Schinken.
Der Kochschinken wiederum gehört zu den Kochwürsten. Der Einfachheit halber
sind hier alle Schinkenvarianten zusammengefasst.*

SCHINKEN ALLER ART Bei Schinken gibt's drei Möglichkeiten zur Auswahl: *gekocht, roh geräuchert oder roh luftgetrocknet*. Je länger die Reifezeit, desto besser der Schinken (Lufttrocknen oft mindestens sechs, Räuchern mindestens drei Monate). Doch je länger ein Schinken lagert, desto teurer ist er und spätestens dann kommt mancher ins Grübeln und will vielleicht doch mal selbst tätig werden. Denn günstige „Turboschinken" sind oft irgendwie schwabbelig, ohne Aroma und im Grunde nur salzig.
Welcher Schinken woher kommt, ist irgendwie logisch: Je wärmer und trockner die Gegend, desto eher wird luftgetrocknet. Daher haben sich Länder wie Italien oder Spanien aufs Lufttrocknen verschrieben und rühmen sich mit Sorten wie Serrano, San Daniele, Parmaschinken oder Jamón Ibérico. Letzterer besteht aus dem Fleisch der Schwarzfußschweine, die sich hauptsächlich von Eicheln ernähren – was den leicht nussigen Geschmack des Schinkens erklärt. Je entfernter die Länder, desto exotischer das Angebot: in Afrika gibt's Kamelschinken oder in Australien Känguruschinken. Nicht jedermanns Sache und es ist nicht einfach an solches Fleisch zu kommen! Sie selber werden in Ihrer Schinkenküche deshalb eher das Fleisch einheimischer Tiere verarbeiten.
Voraussetzung für jeden guten Schinken ist neben der *Reifezeit* das gründliche *Pökeln*, das heißt das Einreiben mit Salz oder Einlegen in Salzlake. Beides entzieht dem Fleisch Feuchtigkeit und macht es haltbar. Dazu nach Gusto Gewürze, Kräuter und vielleicht Wein, schon haben Sie Ihre eigene Rezeptur für einen feinen Schinken. Mehr zum Thema Pökeln finden Sie ab Seite 31.

Schinken schmeckt immer und in jeder Form.

SCHINKEN-BASICS Gut zu wissen für die Schinkenproduktion in der eigenen Küche: Das Fleisch sollte nicht länger als 2 Tage kalt abgehangen sein (dann ist der Säuregrad noch hoch und damit der pH-Wert gering, was für die Haltbarkeit entscheidend ist) und eine Kerntemperatur von 4 °C haben. Was für Braten gut ist, gilt nicht für Schinken: Je frischer das

Ein guter Schinken braucht Zeit zum Reifen.

Fleisch, desto besser für den Schinken. Nehmen Sie beliebige Stücke, die jedoch nicht schwerer als 2 kg sind. *Pökeln* Sie das Fleisch nach Anleitung und halten Sie die Pökelzeiten ein (ab Seite 31). Das Durchbrennen (Seite 32) sollte bei 8–15 °C und an einem dunklen Ort erfolgen. Damit der Schinken nicht zu salzig wird, das Fleischstück eventuell nach dem Durchbrennen einige Tage wässern. Der Schinken muss frei hängen, damit er von allen Seiten Luft bekommt. Schinken vor dem Räuchern gut abtrocknen lassen. Die Haltbarkeit beträgt je nach Sorte zwei bis zu zwölf Monate.

Kochschinken Für Kochschinken wird das Fleischstück nach dem Durchbrennen erhitzt. Das Erhitzen muss langsam erfolgen und so lange, bis eine Kerntemperatur von ca. 70 °C erreicht ist. Egal ob im Wasserbad oder Bratschlauch: pro cm Dicke 10 Minuten bei 80 °C garen. Kochschinken wird – wenn erwünscht – heiß und kurz geräuchert (Seite 35).

Luftgetrockneter Schinken Luftgetrocknete Schinken werden nicht geräuchert, sondern einfach an der Luft zum Trocknen aufgehängt. Am einfachsten geht das, indem Sie den Schinken in Mulltuch wickeln und an einer Schnur aufhängen.

Rohschinken Rohschinken wird immer kalt und langsam geräuchert. Er sollte stets kühl und luftig reifen können. Nicht original luftgetrocknet, aber eine tolle Alternative ist auch das Reifen im Aschebett: Schinken einlegen (pro Schuhkartongröße maximal ½ kg Fleisch), gut mit Asche bedecken, verschließen, vergessen. Nach einigen Wochen (auch hier gilt: pro cm Durchmesser 1 Wochenreifezeit) auspacken, abbürsten und genießen.

> **KEIN VAKUUMIERGERÄT IM HAUS?**
>
> Abgesehen davon, dass sich diese Anschaffung wirklich lohnt und es bereits einfache Geräte ab zwanzig Euro gibt, können Sie sich auch mit einer Camping-Luftpumpe behelfen, die nicht nur pumpt, sondern auch Luft zieht. Dazu den Schlauch in die Tüte halten und möglichst alle Luft abpumpen. Etwas mühsam, aber es klappt damit ganz gut!

PFEFFERMAX
Hirschschinken mit Pfefferpanade

1 kg Hirschfleisch in 2 cm dicken Scheiben

PÖKELMISCHUNG:
2–3 EL Nitritpökelsalz
je 1 TL frisch oder getrocknet Thymian, Salbei, Oregano, Basilikum, Chili, Koriander
je 1 TL Honig, Pfefferschrot und Orangenschale
5–6 Wacholderbeeren
1 Knoblauchzehe
1 Zwiebel
2 EL Portwein
Pfefferschrot

SO GEHT'S
- Gewürze zerkleinern, alles mischen
- Fleisch mit der Pökelmischung gut einreiben, dann in eine Tüte legen, Luft rausziehen, möglichst luftdicht verschließen, 8 Tage in kühler Umgebung (5–15 °C) durchziehen lassen
- Fleisch in der Tüte täglich gut durchkneten
- nach 8 Tagen Fleisch aus der Tüte nehmen und trocken tupfen
- Scheiben mit Pfefferschrot bestreuen, aufeinanderlegen, zusammenrollen, sehr fest in ein Tuch wickeln und mit einer Schnur fixieren
- bei 75 °C 2 Stunden lang brühen, herausnehmen, Tuch und Schnur lösen, in Pfefferschrot wälzen, erkalten lassen

FEINER RINDERSCHINKEN
ganz einfach im Tuch luftgetrocknet

1 kg Rinderkeule

PÖKELMISCHUNG:
50 g Kochsalz
8 Wacholderbeeren
4 Pimentkörner
1 TL Pfefferschrot
1 Lorbeerblatt
je ½ TL Chiliflocken und Schabzigerklee
4 Nelken
½ Tasse Obstler

SO GEHT'S
- Gewürze zerkleinern, alles mischen
- Fleisch mit der Pökelmischung gut einreiben, dann in eine Tüte legen, Luft rausziehen, luftdicht verschließen, 8 Tage in kühler Umgebung (5–15 °C) durchziehen lassen
- Fleisch in der Tüte täglich gut durchkneten
- nach 8 Tagen Fleisch trocken tupfen und mit dünnem Stoff umhüllen
- um das dünnere Ende Schnur legen und verknoten
- Schinken für ca. 2 Monate an einem trockenen und luftigen Ort aufhängen

ZIEGENRAUCHSCHINKEN
mit feiner Räuchernote

1 kg Ziegenfleisch

PÖKELMISCHUNG:
je 25 g Rauchsalz, Holzasche und Kandis
1 Tasse dunkles Bier
je 1 TL Wacholderbeeren und bunte Pfefferkörner
je 2 Nelken und Pimentkörner
1 Msp. Salpeter

SO GEHT'S
- Gewürze zerkleinern, alles mischen
- Fleisch mit der Pökelmischung gut einreiben, dann in eine Tüte legen, Luft rausziehen, luftdicht verschließen, 8 Tage in kühler Umgebung (5–15 °C) durchziehen lassen
- Fleisch in der Tüte täglich gut durchkneten
- 8 Tage durchbrennen, einen Tag wässern, trocknen lassen
- 1 Woche lang täglich kalt räuchern

DONALD TURKEY
Putenschinken

1 kg Putenbrust

PÖKELLAKE:
1 l Wasser
80–100 g Salz
10 g brauner Zucker
je 1 Zweig Rosmarin und Thymian
1 Knoblauchzehe in Scheibchen
1 Lorbeerblatt
je 5 Pfefferkörner und Wacholderbeeren
2 Pimentkörner
½ TL Fenchelsaat
2 EL Kirschwasser

SO GEHT'S
- Gewürze zerkleinern, Lake anrühren
- Putenstück 4 Tage in die Lake legen, dann 4 Tage durchbrennen lassen, 1 Tag in kaltem Wasser (Menge gleich Gewicht des Schinkenstücks) wässern
- mit Schnur umwickeln und zum Lufttrocknen aufhängen (pro cm Durchmesser 5–7 Wochen)

Das Kirschwasser verdrängt Bakterien und schmeckt lecker!

Schwarzwälder Lendchen
mit Kirschwasser-Aroma

250 g Schweinefilet

Pökelmischung:
5 Pfefferkörner
7 g Salz
1 EL Schwarzwälder Kirschwasser
½ Msp. Salpeter
1 Zweig Rosmarin
je 1 TL Basilikum, Salbei und Chiliflocken
3 EL Schwarzwälder Kirschwasser (+ zum Befeuchten)

So geht's
- Gewürze zerkleinern, alles mischen
- Fleisch mit der Pökelmischung gut einreiben, dann in eine Tüte legen, Luft rausziehen, möglichst luftdicht verschließen, 3 Tage bei 5–15 °C durchziehen lassen
- Fleisch in der Tüte täglich gut durchkneten
- 3 Tage durchbrennen lassen, täglich mit Kirschwasser befeuchten
- ins Aschebett legen und für 2 Monate im kühlen und trockenen Keller luftig verschlossen lagern

SCHINKENFETZEN
würzige Gourmet-Scheibchen

1 kg Rindfleisch

PÖKELMISCHUNG:
10 EL Balsamicoessig
10 Spritzer Worchestershire-Sauce
je 1 TL Pfeffer- und Korianderschrot
50 g Salz
1 Msp. Salpeter

SO GEHT'S
- Gewürze zerkleinern, alles mischen
- Fleisch für 2 Stunden ins Eisfach legen, dann in kleine „Fetzen" schneiden, ca. 2 × 4 cm
- mit der Pökelmischung gut einreiben, dann in eine Tüte legen, Luft rausziehen, luftdicht verschließen, 12 Stunden in kühler Umgebung (5–15 °C) durchziehen lassen, dann ½ Stunde in kaltes Wasser legen
- Fetzen in hauchdünne Scheiben schneiden
- auf einem Backblech bei 30 °C, in der Sonne (vor Fliegen schützen!) oder auf einen Zwirn gefädelt an der Luft komplett durchtrocknen lassen
- in ein Glas füllen

MEIN TIPP:
Zum Knabbern, auf einer Ofenkartoffel mit Quark, einem Salat oder Gemüsepüree sind die Fetzen unschlagbar.

PASTRAMI
Köstlichkeit aus dem Dampf

1 kg Rindfleisch

PÖKELMISCHUNG:
2 EL Nitritpökelsalz
je 1 Msp. Salpeter, Muskat, Koriander und Paprika edelsüß
1 Knoblauchzehe
je 1 TL Wacholderbeeren, Nelken und Pfefferkörner

SO GEHT'S
- Gewürze zerkleinern, alles mischen
- Fleisch mit der Pökelmischung gut einreiben, dann in eine Tüte legen, Luft rausziehen oder -streichen, luftdicht verschließen
- 7 Tage in kühler Umgebung (5–15 °C) pökeln, rausnehmen
- Fleisch auf den Rost des Backofens legen, Fettpfanne mit Wasser bis zum Rand befüllen und direkt unter den Braten schieben
- bei 110 °C (keine Umluft!) ca. 2,5 Stunden garen
- Fleisch komplett auskühlen lassen, gut einpacken und mindestens 12 Stunden im Kühlschank lagern, bevor es das erste Mal angeschnitten wird

Schinken in weihnachtlichem Kleide
so schmeckt das Warten auf's Christkind

1 kg Schinken gepökelt (100 g Pökelsalz auf 900 ml Wasser)

Teig:
400 g Mehl
250 ml warmes Wasser
1 TL Salz
je 1 TL Pfefferschrot, Zwiebel und Lebkuchengewürz
1 säuerlicher Apfel

So geht's
- aus Mehl, Wasser und Salz einen Teig kneten und dünn ausrollen
- Gewürze auf dem Teig verteilen
- Apfel reiben, ebenfalls über dem Teig verstreuen
- Schinken in den Teig wickeln und auf ein Backblech legen
- bei 180–200 °C ca. 3 ½ Stunden (Zeit zum Baumschmücken nutzen, Geschenke einpacken, den Tisch decken …) backen
- zum Servieren die sehr harte Teigkruste aufbrechen, Schinkenstücke herausschneiden

Mein Tipp:
So wird aus ihm ein anderer:
Sommerschinken: Statt Lebkuchengewürz Limette mit Vanille, Muskat und Piment, statt Apfel frische Kräuter.
Italienischer Schinken: mit Knoblauch, Rosmarin und getrockneten Tomaten.
Schinken Asia-Art: mit Sojasauce und Ingwer.

Ein jüdischer Snack
Das dampfgegarte Pastrami gelangte mit jüdischen Einwanderern aus Rumänien nach Amerika und ist dort mittlerweile in vielen Varianten beliebt:
- Ein New York Style-Pastrami wird mit Krautsalat (coleslaw) und scharfem Dressing mit Tomatenketchup, Joghurt oder Mayonnaise gegessen.
- Ein Reuben-Style-Pastrami wird mit Corned Beef und Sauerkraut zubereitet.
- Beim Los Angeles-Style-Pastrami wird das Fleisch sehr dünn aufgeschnitten, mit Senf und eingelegtem Gemüse auf einem Baguettebrötchen angeboten.

Fein und heiß gebadet

Brühwürste – das Handling

Erst fein gemacht, dann heiß gebadet – das ist das Geheimnis der Brühwurst. Sie ist für erste Versuche in der Wurstküche ideal, denn Brat- und Brühwürstchen sind wunderbare Einsteigermodelle.

> **HÄTTEN SIE'S GEWUSST?**
> Auch im Inhalt können sich die Brühwürste unterscheiden:
> - Brühwürstchen (wie Wiener Würstchen oder Bockwurst)
> - Brühwurst, fein zerkleinert (wie Lyoner oder Gelbwurst)
> - grobe Brühwurst (wie Jagdwurst oder Krakauer)
> - Brühwurst mit Einlage (wie Bierschinken oder Pistazienmortadella)

BRÜHWÜRSTE PER SE Bei den Brühwürsten kann am wenigsten schiefgehen: Fleisch und Speck werden mit den Zutaten zerkleinert, in die Hülle gefüllt und schwups, ab damit in die Pfanne oder die Brühe. Manche Sorten werden auch geräuchert.

Man unterscheidet Brühwürste
- an der Farbe des Anschnitts, dem *Spiegel*: Würste mit rotem Spiegel sind mit Pökelsalz gearbeitet (zum Beispiel Bierschinken), Würste mit weißem Spiegel (wie Gelbwurst) werden mit normalem Speisesalz hergestellt.
- am *Räuchergrad*: es gibt ungeräucherte, einfach oder doppelt geräucherte Sorten.
- nach der *Größe*: Es gibt die dicken – Fleischwurst, Mortadella und Co. –, die scheibenweise abgeschnitten werden, und die dünnen zum Reinbeißen, das sind zum Beispiel Wiener Würstchen oder Weißwürste. Manche der dünnen Brühwürste werden nach dem Brühen gebraten oder gegrillt.

Profis mischen die Zutaten für Brühwürste in einem *Kutter* (Seite 13), aber mit einem Zauberstab oder Küchenmixer (immer nur kleine Portionen darin kuttern) und kräftigem Händekneten bekommen Sie auch eine schöne Masse. Vielleicht nicht so fein wie die der Profis, aber das muss ja auch nicht sein. Eine Mortadella oder ein Wienerle bleiben lecker, auch wenn das Brät nicht ganz so fein püriert ist. Da wird aus der feinen Mortadella eben eine Schinkenwurst und aus einem Wienerleteig eben eine grobe Brühwurst.

Brühwurst-Basics Nehmen Sie sehnen- und knorpelfreies Fleisch und Fett jüngerer Tiere, da dieses eine besonders hohe Bindefähigkeit hat. Achten Sie auf ausreichende Mengen bindegewebehaltiger Fleischteile, wie zum Beispiel Schweinebacken.

Schneiden Sie aus allen Teilen die Knorpel heraus.

Tipp: Lassen Sie alle tierischen Teile gleich beim Metzger wolfen, das spart Ihnen einen Arbeitsgang zu Hause.

Gründlich durchkneten und Sie bekommen eine gut gebundene Masse.

Damit die Würste beim Brühvorgang nicht aufplatzen: einfach mit einer feinen Nadel die Hüllen mehrfach anpieksen.

- Je kälter der Wurstteig, desto besser die Bindung: Die Wurstmasse sollte während des Verarbeitens nicht wärmer als 4 °C werden. Frieren Sie das Material vor dem Verarbeiten also 1–2 Stunden an.
- Eine Umgebungstemperatur während der Verarbeitung von 5–15 °C ist ideal. Sicher gelingt es in den Monaten mir „r", also in der kühleren bis kalten Jahreszeit von September bis April.
- Die Fleisch- und Speckzutaten müssen, je nach Wunsch, wie grob oder fein die Wurst werden soll, mehr oder weniger zerkleinert werden.
- Würzen und dabei bitte nie das Salz vergessen – sonst wird die Wurst bald schlecht. Wenn Sie möchten, geben Sie Phosphat, *Backpulver oder Cola* zum Wurstteig, das fördert die Eiweißbindung und verhindert später das Austreten von Fett und Gelée beim Brühen.
- Weitere Zutaten können, müssen nicht vorweg gedünstet werden.
- Flüssigkeiten immer nur eiskalt dazugegeben, damit die Masse gut emulgiert: also anfrieren, grob zerteilen und dann erst untermischen. Sie können die Zutaten auch im Eiscrasher zerteilen. Fertig ist der Eisschnee.
- Kneten Sie die Masse mit den Händen stets mehrmals sehr gründlich durch, damit sich die Masse gut verbindet. Das ist das A und O bei der Wurstherstellung! Für besonders feines Brät müssen Sie die Masse möglichst fein zerkleinern (Zauberstab, Mixer, Kutter). Allerdings Vorsicht walten lassen, damit das Fleisch beim Kuttern nicht heiß wird. Sonst gerinnt das Eiweiß.

- Stellen Sie die Masse vor dem Abfüllen nochmals 2 Stunden ins Gefrierfach.
- Jetzt müssen Sie die Wurstmasse abfüllen. Am einfachsten geht das bei Brühwürsten mit Stoff, Folie oder Gläsern. Wollen Sie die Würste später räuchern, müssen Sie räucherbare Hüllen nehmen (Stoff geht). Das Zubinden nicht vergessen.
- Würste platzen nicht, wenn man sie mit *einer ganz feinen Nadel* ansticht. Dann können Luftblasen entweichen.
- Brühen Sie die Würste bei Temperaturen von 65–95 °C, das sorgt für Festigkeit in der Wurst.
- Ein *Lebensmittelthermometer hilft*, die Brühtemperatur zu kontrollieren. So verhindern Sie, dass empfindliche Wursthüllen wegen zu hohen Temperaturen platzen.
- Zum Schluss kühlen Sie die Würste in einem Becken mit kaltem Wasser ab: Waschbecken mit kaltem Wasser füllen, Würste aus dem Sud nehmen und in das kalte Wasser legen, dabei einige Minuten hin- und herschwenken.
- Gläser zum Auskühlen auf Tücher stellen.
- Würste abtrocknen und vor dem Genuss mindestens einen Tag lang kühl lagern.
- Nach dem Erkalten können Sie die Würste noch räuchern.
- Würste gut verpackt lagern oder in einen Topf mit Schmalz einlegen. Für Grillspaß die Würste kurz auf den Rost legen.

JA WAS DENN NUN? KNETEN, MIXEN ODER KUTTERN?

In den Rezepten empfehle ich Ihnen, zu kneten, zu mixen oder zu kuttern.
- Kneten sollten Sie Ihren Teig in jedem Fall, damit sich alle Bestandteile in der Wurst optimal verbinden.
- Das Mixen oder Kuttern bezieht sich auf die Körnung der Masse – also darauf, wie grob oder fein das Fleisch zerkleinert ist: Mixen genügt, wenn das Brät noch Stückchen haben darf. Wollen Sie eine ganz feine, glatte Wurstmasse haben, müssen Sie kuttern, also pürieren.

BRÜHWURST
Grundrezept für eine dicke Brühwurst zum Abschneiden

etwa 450 g Hack
je 200 g Schweinebacken und Schweinebauch
150–200 g Wasser-, Milch- oder Schlagsahne-Eisschnee
1 EL Nitritpökelsalz (oder Speisesalz + eventuell 1 Msp. Salpeter)
3 TL Gewürze gemischt
1 TL Backpulver

SO GEHT'S
- anfrieren, dann wolfen, mischen und in eine Hülle abfüllen
- pro Zentimeter Durchmesser 1 Minute brühen, dann kühlen und eventuell räuchern

Von Lyoner bis zum Leberkäs

Fein gekutterte Würste sind eine feine Angelegenheit: Sie schmecken besonders zart und lecker. Sie können sie als Aufschnitt auf Brot genießen oder angebraten als deftiges Vesper. Guten Appetit!

Die Mortadella-Familie

Lyoner, Fleischwurst, Pariser, Mortadella, Bologna oder Baloney – die Namen für diese Wurstsorte sind vielfältig und von den Regionen und Ländern geprägt. Auch geschmacklich unterscheiden Sie sich stark. Die Familienähnlichkeit liegt im Inneren verborgen: Die Würste sind in der Regel *sehr fein gekuttert*, das Wurstbrät ist also sehr fein zerteilt.

LECKER LYONER
der Klassiker

500 g gemischtes Hack
200 g fetter Speck
200 g Schweinebauch
250 g Sahne-Eisschnee
1 EL Nitritpökelsalz
je ½ TL Pfeffer, Macis, Piment, Kardamom, Zimt, Paprika edelsüß und rosenscharf, Koriander
2–3 EL Schalottenwürfel
1 TL Butter
1 TL Backpulver

SO GEHT'S
- Fleisch, Bauch und Speck anfrieren, wolfen
- Schalottenwürfel in Butter dünsten, kalt stellen
- alles mischen
- Masse 5 Minuten lang kräftig kneten, mit dem Zauberstab pürieren oder kuttern
- erneut anfrieren, dann abfüllen und abbinden
- pro cm Durchmesser 10 Minuten bei 75 °C brühen

> **MUSS BRÜHWURST IMMER AUS SCHWEINEFLEISCH SEIN?**
> Nö. Man kann dafür genauso gut Wild, Rind, Schaf, Ziege, Geflügel, kurz alle gängigen Fleischsorten verwenden. Bei besonders fettarmen Fleischsorten sollten Sie allerdings mit der Fettzugabe etwas großzügiger sein – sonst werden die Würste zu trocken. Rechnen Sie pro 100 g Fleisch einfach 10 % fetten Speck dazu – schon klappt's!

PUSZTALYONER
Geflügelwurst mit Chili und Paprika

400 g Putenfleisch
150 g fetter Speck
250 g Schweinebacken
1 Ei
1 Scheibe Toastbrot
1 EL Nitritpökelsalz
je ½ TL weißer Pfeffer, Senfsaat, Vanillezucker, Macis, Piment, Paprika edelsüß und rosenscharf
je 2 EL Crème fraîche eisgekühlt, Tomatenpaprika aus dem Glas (gut abgetropft) und Zwiebelwürfel
150 g Eisschnee
1 rote Chilischote (in Streifen)
2 Spritzer Tabasco
1 EL Weinbrand
je 1 TL Orangenschale, Tomatenmark und Öl
1 TL Backpulver

So geht's
- Zwiebelwürfel, Chili und Paprika in Öl andünsten, kalt stellen
- Fleisch, Schweinebacken und Fett anfrieren, zusammen mit dem Brot zwei- bis dreimal wolfen
- bis auf die gedünsteten Gemüsestückchen alles mischen
- Masse 5 Minuten lang kräftig kneten, mit dem Zauberstab pürieren oder kuttern
- Gemüse untermengen
- erneut anfrieren, dann abfüllen und abbinden
- pro cm Durchmesser 10 Minuten bei 65 °C brühen

Chili sorgt für Farbe und Feuer in der Pusztalyoner.

Bunte Liese
Fleischwurst wie's beliebt

400 g Schweinehack
250 g Schweinebauch
100 g Schweinebacken
15 g Nitritpökelsalz
je 1 TL Backpulver, Paprika edelsüß und weißer Pfeffer
150 g Sahne-Eisschnee
je ½ TL Macis, Piment, Pfeffer, Muskat und Kardamom
1 TL Backpulver
4–6 EL Einlagen nach Gusto (klein gehackt und in 1 EL Butter angedünstet)

So geht's
- Fleisch, Bauch und Schweinebacken anfrieren, zwei- bis dreimal wolfen
- bis auf die Einlagen alles mischen
- Masse 5 Minuten lang kräftig kneten, mit dem Zauberstab pürieren oder kuttern
- Einlagen untermengen
- erneut anfrieren, dann abfüllen und abbinden
- pro cm Durchmesser bei 72 °C brühen

Mein Tipp:
Diese Wurst lässt sich mit Einlagen nach Belieben variieren. Versuchen Sie zum Beispiel Gemüse, Backobst, Pilze, Kräuter, Nüsse, Beeren, Chili oder Blüten. Viel Spaß beim Experimentieren!

Dickmadame
Brühwurst mit Schinkeneinlage

500 g Schweinehack
je 100 g Schweinebauch und Rinderhack
je 200 g Schweinebacke und Schinkenwürfel leicht gepökelt
18 g Nitritpökelsalz
je 1 TL brauner Zucker, Pfeffer, Ingwer, Koriander und Macis
je 2 EL Senfsaat und Zwiebelpulver
Eisschnee aus 1 Becher Sahne
1 TL gekörnte Brühe
1 TL Backpulver

So geht's
- Fleisch, Bauch und Schweinebacken anfrieren, zwei- bis dreimal wolfen
- bis auf die Schinkenwürfel alles mischen
- Masse 5 Minuten lang kräftig kneten, mit dem Zauberstab pürieren oder kuttern
- Schinkenwürfel untermengen
- erneut anfrieren, dann abfüllen und abbinden
- pro cm Durchmesser 10 Minuten bei 90 °C brühen

Wieso Backpulver?
Das Brät der Brühwürste neigt dazu, sich beim Brühen wieder zu trennen, da mag das rohe Brät noch so schön geschmeidig gewesen sein. Wenn das passiert, bleibt Ihnen eine zwar leckere, möglicherweise aber etwas trockene Wurst, bei der sich die Gelée- und Fettanteile abgesetzt haben. Sie haben sich in diesem Fall am Ende der Wurst gesammelt oder ins Brühwasser auf und davon gemacht. Backpulver schafft da Abhilfe: Es enthält Phosphat und sorgt für eine gute Bindung in der Wurst.

Hot Lolli
heiße Spieße

je 300 g Schweinefleisch mager, Schweinebauch und Flomen
20 g Nitritpökelsalz
10 getrocknete Tomaten
1 Knoblauchzehe
1 Schalotte
je ½ TL Salbei gemahlen, Paprika edelsüß und rosenscharf, Macis, Zimt, Koriander
je 1 EL grüne Pfefferkörner und Balsamicocreme
200 g Milch-Eisschnee
1 TL Backpulver
1 EL Butterschmalz

So geht's
- Fleisch, Flomen und Bauch anfrieren, dann zwei- bis dreimal wolfen
- Schalotte, Tomaten und Knoblauchzehe ebenfalls wolfen
- alles mischen
- Masse 5 Minuten lang kräftig kneten, mit dem Zauberstab pürieren oder kuttern
- erneut anfrieren, dann Taler formen, in Frischhalte- oder Alufolie 20 Minuten bei 70 °C brühen, kalt werden lassen
- Taler auf Holzspieße stecken, von beiden Seiten in Butterschmalz anbraten

Mein Tipp:
Das passt dazu: Brot, Gemüsesticks und CBQ-Sauce (Seite 132).

Mortadella mit Kräutern
mit Estragon und Petersilie

250 g Speck gewürfelt
500 g Kochschinken
400 g Schweinebauch
100 g Schweinebacken
250 g Milch-Eisschnee
je 1 EL Salz und Backpulver
1 Msp. Salpeter
je ½ TL weißer Pfeffer, Piment, Macis und Ingwer
je 2 EL Pistazien, Zwiebelwürfel, Estragon und Petersilie

So geht's
- Speckwürfel auslassen, Fett abgießen (eventuell auffangen für Schmalz oder zum Anbraten), Würfel mit 90 °C heißem Wasser überbrühen, 10 Minuten ziehen lassen, dann Wasser abgießen
- Schinken und Bauch zweimal wolfen
- Zwiebelwürfel, Estragon und Petersilie in der Milch kurz aufkochen, kalt stellen
- bis auf die Speckwürfel und Pistazienkerne alles zusammenmischen
- Masse 5 Minuten lang kräftig kneten, mit dem Zauberstab pürieren oder kuttern
- Wasser abgießen, Speckwürfel und Pistazien untermengen
- erneut anfrieren, dann abfüllen und abbinden

Hot Lolli – Fleischwurst am Spieß.

- pro cm Durchmesser 10 Minuten bei 85 °C brühen, dann eventuell kalt räuchern

Saucisse von der Seine
klassisch Café-de-Paris

500 g gemischtes Hack
250 g Schweinebacke
250 g Schweinebauch ohne Schwarte und Knorpel
200 g Sahne-Eisschnee
je 1 EL Nitritpökelsalz, Kapern, Tomatenmark, Anchovis, Madeira und Kognak
je 1 TL Backpulver und Anchovis
je 1 Msp. Cayenne, Chili, Curry, Kardamom, Lorbeer, Koriander, Kreuzkümmel, Kurkuma, Muskat, Nelken, Piment, Rosmarin, Anis, Zimt, Majoran, Oregano, Paprika rosenscharf und edelsüß, Senfsaat, Thymian, Pfefferschrot und Vanillemark
je ½ TL Estragon, Ingwer, Knoblauchpulver, Bockshornklee, brauner Zucker, Zitronensaft und -schale (oder 2–3 EL Café-de-Paris-Gewürzmischung)
1 Spritzer Worchestershire-Sauce

So geht's
- Fleischteile anfrieren, zwei- bis dreimal wolfen
- alles mischen
- 5 Minuten lang kneten, mit dem Zauberstab pürieren oder kuttern
- erneut anfrieren, abfüllen und abbinden
- pro cm Durchmesser 10 Minuten bei 80 °C brühen

Sommerwurst
mit einem Hauch Zitrone

450 g Schweinehack
200 g Schweinebauch
200 g Schweinebacken
150 g Sahne-Eisschnee
100 g Eisschnee
1 EL Nitritpökelsalz
je 1 Msp. Pfeffer, Macis, Koriander, Paprika edelsüß und rosenscharf, Liebstöckel
je 1 TL Zwiebel und Backpulver
½ TL Heidehonig
1 TL Backpulver
150 g Putenbratenwürfel
50 g Walnuss-Splitter
½ TL Zitronenpfefferschrot
½ TL Zitronenschale fein gewiegt oder als Zesten

So geht's
- Fleisch, Bauch und Schweinebacken anfrieren, zwei- bis dreimal wolfen
- bis auf Putenwürfel, Walnüsse, Zitronenpfeffer und -schale alles mischen
- Masse 5 Minuten lang kräftig kneten, mit dem Zauberstab pürieren oder kuttern
- Einlagen untermengen
- erneut anfrieren, dann abfüllen und abbinden
- pro cm Durchmesser 10 Minuten bei 80 °C brühen

Mein Tipp:
Hauchdünne Schalen von Zitrusfrüchten (oder dünne Gemüsestreifen) nennt man Zesten. In diesem Rezept geben die Zitronenzesten der Wurst eine feine, säuerlich-herbe Note. Zesten macht sie am besten mit einem Zesten- oder Juliennereißer oder der feinen Seite einer Gemüsereibe.

Alles kleine Würstchen

Eine weitere wichtige Familie der Brühwürste sind die kleinen, handlichen Würstchen, die oftmals nach Städten benannt sind. Während die dicken Brühwürste als Aufschnitt verkauft werden, kann man in die kleineren Brüder und Schwestern einfach herzhaft reinbeißen. Lecker!

An den kleinen Würstchen zeigt sich die schier unendliche Bandbreite der Brüh- und Bratwürste. Manchmal sind sie grob, manchmal mittelgrob oder fein. Seltener werden sie roh, häufiger gebrüht oder geräuchert angeboten und allesamt sind sie schmal und handlich.

Der Einfachheit halber stehen alle Bratwürste, ob roh oder gebrüht in diesem Kapitel zusammen. So finden Sie hier also:

- *Brühwürstchen* (wie Bockwurst, Weißwürstchen) werden nur gebrüht
- *Brühbratwürstchen* (wie Schinkengriller, Currywurst) werden gebrüht und gebraten
- (Roh-)*Bratwürstchen* (wie Thüringer, Kümmelbratwurst) werden nur gebraten

Doch obwohl es sie in so vielfältiger Art gibt, bleibt kulinarische Vielfalt in den Supermärkten und Fleischtheken oftmals auf der Strecke – abgesehen von den jeweils typisch regionalen Sorten. Dabei könnte alles so lecker sein, denn die Spielmöglichkeiten sind hier fast unerschöpflich: Wie wäre es mit Nusswürstchen? Chiliwürstchen? Fenchelwürstchen? Oder gar ein Pilzwürstchen?

BRÜH- UND GRILLWÜRSTCHEN
Grundrezept für Brüh- und Grillwürstchen

700 g Schweinehack
300 g fetter Speck
50–250 ml Flüssiges (Wasser, Milch, Sahne)
1 EL Nitritpökelsalz (oder Speisesalz + eventuell 1 Msp. Salpeter)
3 TL Gewürz
eventuell ½ TL Backpulver

So geht's
- anfrieren, dann wolfen, mischen und abfüllen
- bei 70 °C pro cm Durchmesser 1 Minute brühen, im kalten Wasser kühlen
- nach Wunsch noch räuchern oder braten

Das nordische Pendant zur bayrischen Weißwurst: die Nordisch Weiße.

My first
Wienerle – das Brühwürstchen schlechthin

je 250 g Kalbs- und Schweinehack, fetter Speck
10 g Nitritpökelsalz
1 Msp. Ascorbinsäure
150 ml Schlagsahne
je ½ TL Pfeffer, Macis, Ingwer, Kardamom, Koriander, Kümmel (gemahlen) und Muskat
1 TL Backpulver

So geht's
- Fleisch und Speck anfrieren, wolfen
- alles mischen
- Masse 5 Minuten lang kräftig kneten, mit dem Zauberstab pürieren oder kuttern
- erneut anfrieren, dann abfüllen und abbinden
- Würste bei 75 °C pro cm Durchmesser 15 Minuten brühen

Hot Dog à la ...
nicht nur American Style

Ein Hot Dog besteht normalerweise aus einem warmen Brühwürstchen (etwa Otto Normalo oder My first in einem länglichen, meist weichen und hellen Brötchen. Das wird längs aufgeschnitten, dann legt man das Würstchen hinein. Darauf kommen schmackhafte Saucen wie Remoulade, Tomatenketchup, Senf oder Mayonnaise. Doch jedes Land hat seine eigene, regionale Note, wie zum Beispiel:

Varianten
- Alpen-Dog: Baguette, in das die Wurst (gern auch Käsegriller, Bratwurst) hineingesteckt wird
- Amerika-Dog: mit Mixed Pickles, Gurkenscheiben, Süßsauer-Sauce, Senf und warmem Sauerkraut
- Brasilien-Dog: mit Mais, Käse, Tabasco und Kartoffelchips
- Dänemark-Dog: mit Malzessig
- Holland-Dog: mit Schmorzwiebeln
- Italian-Dog: mit Avocadomus und Käse
- Mexiko-Dog: mit Jalapeños, Tomaten, Chilli con Carne
- Schweden-Dog: mit Röstzwiebeln und sauren Gurkenscheibchen

Nordisch Weisse
statt bayrisch gut mal nordisch lecker

250 g Schweinebraten
250 g Schweinehack
250 g Kalbfleisch
250 g Schweinebauch
1 helles Brötchen
2 EL Zwiebelwürfel
je 1 TL Butter, Backpulver und Salz
1 Tasse Gemüsebrühe eiskalt
je 1 EL Zitronenschale, Schmand und Zitronensaft
je ½ TL Macis, Koriander, Bohnenkraut, Piment und Kümmel (gemahlen)
150 g Milch-Eisschnee

So geht's
- Fleisch, Bauch und Fett anfrieren, mit dem Brötchen wolfen
- Zwiebelwürfel in der Butter andünsten, kalt stellen
- alles mischen
- Masse 5 Minuten lang kräftig kneten, mit dem Zauberstab pürieren oder kuttern
- erneut anfrieren, dann abfüllen und abbinden
- Würste bei 75 °C pro cm Durchmesser 10 Minuten brühen und/oder auf niedriger Temperatur 15 Minuten von allen Seiten schön braun anbraten

Weisswürstel Benedikt
päpstliche Lieblingswurst

500 g Kalbfleisch
250 g Schweinehack
200 g fetter Speck
150 g Schlagsahne
1 Ei
3 g Selleriesalz
15 g Salz
3 g brauner Zucker
je 1 TL Senf, Butter und Majoran
je 1 EL Petersilie, Knoblauch zerdrückt, Zwiebelwürfel und Lauchringe
je 1 Msp. Schabzigerklee, Macis, Engelwurz und Piment
1 TL Backpulver

So geht's
- Fleisch und Fett anfrieren, wolfen
- Petersilie, Knoblauch, Zwiebelwürfel und Lauchringe in der Butter andünsten, mit Schlagsahne ablöschen, kalt stellen
- alles mischen
- Masse 5 Minuten lang kräftig kneten, mit dem Zauberstab pürieren oder kuttern
- erneut anfrieren, dann abfüllen und abbinden
- Würste bei 70 °C pro cm Durchmesser 15 Minuten brühen

Mein Tipp:
Ganz klassisch gehört eine Brezel, also „a Brez'n", dazu. Lecker ist aber auch Kartoffelbrei und Sauerkraut. Allerdings: ohne süßen Senf geht bei keiner der Varianten was.

Otto Normalo-Currywurst
urdeutsche Schlemmerplatte

700 g Schweinehack
300 g Sahne-Eisschnee
1 EL Nitritpökelsalz
je 1 TL Curry, Paprikamark, Backpulver, Pfeffer, Kurkuma, Zucker und Backpulver

So geht's
- alles mischen
- Masse 5 Minuten lang kräftig kneten, mit dem Zauberstab pürieren oder kuttern
- erneut anfrieren, dann abfüllen und abbinden
- Würste bei 75 °C pro cm Durchmesser 10 Minuten brühen und/oder gleich auf niedriger Temperatur 15 Minuten von allen Seiten schön braun anbraten

Ohne Curry keine Currywurst.

Edle von Curry
mager – vornehm – lecker

300 g Schweinelende
200 g Schweinebauch
100 g Schweinebacken
150 g Sahne-Eisschnee
20 g Nitritpökelsalz
je 1 Msp. Curry, Pfeffer, Kurkuma, Macis, Koriander, Schabzigerklee, Piment und Muskat
je 1 TL Tomatenmark und Backpulver

So geht's
- Fleisch, Bauch und Schweinebacken anfrieren, wolfen
- alles mischen
- Masse 5 Minuten lang kräftig kneten, mit dem Zauberstab pürieren oder kuttern
- erneut anfrieren, dann abfüllen und abbinden
- Würste bei 85 °C pro cm Durchmesser 10 Minuten brühen und/oder gleich auf niedriger Temperatur 15 Minuten von allen Seiten schön braun anbraten

Mein Tipp:
Zu einer Currywurst gehört natürlich ein leckeres Ketchup, angewärmt und mit Curry gewürzt (Seite 130).

Kleine Lady
für FeinschmeckerInnen

500 g Kalbfleisch
200 g Schlagsahne
150 g Schweinebauch
1 Scheibe Toastbrot
15 g Salz
1 Tasse Sahne-Eisschnee
je 1 TL Curry, Orangenschale und Backpulver
2 Spritzer Tabasco
je 1 Msp. Pfeffer, Macis, Piment, Kardamom, Ingwer, brauner Zucker und Paprika edelsüß
je 2 EL Estragon und Orangensaft

So geht's
- Fleisch und Bauch anfrieren, mit dem Toastbrot wolfen
- alles mischen
- Masse 5 Minuten lang kräftig kneten, mit dem Zauberstab pürieren oder kuttern
- erneut anfrieren, dann abfüllen und abbinden
- Würste bei 75 °C pro cm Durchmesser 10 Minuten brühen und/oder gleich auf niedriger Temperatur 15 Minuten von allen Seiten schön braun anbraten

Mein Tipp:
Dazu passt Tomatenmayo (Seite 130), Pommes frites und Ketchup (Seite 131).

Knobischa(r)f
mit Lammfleisch und Knoblauch

500 g Rinderhack
400 g Lammfleisch
4 EL Zwiebelwürfel
2 EL Knoblauchzehen zerdrückt
je 1 EL Öl, Schmand, Zitronensaft und Salz
je einen TL Macis, Zitronenschale, Zimt, Koriander, Kreuzkümmel, Honig und Pfefferschrot
1 TL Cayennepfeffer
1 Spritzer Tabasco
2 Tassen Sahne-Eisschnee

So geht's
- Zwiebeln und Knoblauch in Öl andünsten, kalt stellen
- Fleisch anfrieren, wolfen
- alles mischen
- Masse 5 Minuten lang kräftig kneten, mit dem Zauberstab pürieren oder kuttern
- erneut anfrieren, dann abfüllen und abbinden
- Würste bei 65 °C pro cm Durchmesser 10 Minuten brühen und/oder gleich auf niedriger Temperatur 15 Minuten von allen Seiten schön braun anbraten

Mein Tipp:
Risotto Milanese oder Hummus (Püree aus Kichererbsen, Sesam und Oliven, Zitrone, Salz und Gewürzen) mit Safrancreme (Seite 132) passen hervorragend dazu.

Wurst aus dem Schmalztopf
absoluter Genuss mit vielen Vorteilen

Um Bratwürste lange haltbar zu machen, können Sie sie einfrieren, klar. Aber die Methode, sie in Schmalz einzulegen, hat drei Vorteile: die Würste sind hinterher schmackhafter, monatelang haltbar und Sie bekommen obendrein, sozusagen als besondere Beigabe, fein aromatisiertes Schmalz, das Sie zum Anbraten verwenden können.

So geht's
- Schweineschmalz aus Flomen oder Bauchspeck auslassen
- Steinguttopf oder Ähnliches 1 cm hoch mit Schmalz auffüllen und fest werden lassen
- Würste brühen, dann in den Topf legen
- restliches Schmalz darüber gießen, bis die Würste 1–2 cm bedeckt sind
- alles fest werden lassen
- Topf fliegensicher (zum Beispiel mit Alufolie, Mull und Schnur) abdecken, zubinden und kühl aufbewahren
- zum Essen die Würste rausnehmen, rundum kross anbraten

Kräuterlinchen
mit vielen feinen Kräutern

800 g gemischtes Hack
200 g Schweinebauch
15 g Salz
2 Knoblauchzehen zerdrückt
1 TL Butter
1 Becher Schmand
1 Brötchen
je 1 TL weißer Pfeffer, Thymian, Majoran, Kerbel, Oregano, Basilikum und Schnittlauch

So geht's
- Fleisch und Bauch anfrieren, mit dem Brötchen wolfen
- alles mischen
- Masse 5 Minuten lang kräftig kneten, mit dem Zauberstab pürieren oder kuttern
- erneut anfrieren, dann abfüllen und abbinden
- Würste bei 75 °C pro cm Durchmesser 10 Minuten brühen und/oder auf niedriger Temperatur 15 Minuten von allen Seiten schön braun anbraten

Bratwürste im Schmalztopf eingelegt sind lange haltbar und besonders würziges Schmalz gibt's umsonst dazu.

Wurzelseppi-Bratwurst
Restverwertung gut und günstig

500 g mageres Fleisch
250 g Schweinebauch
Eisschnee aus 2 Tassen Sahne
15 g Nitritpökelsalz
1 TL brauner Zucker
je 1 Msp. Macis, Piment und Pfefferschrot
3–4 Eiswürfel Wurzelseppi

So geht's
- Wurzelseppi antauen lassen
- Fleisch und Bauch anfrieren, wolfen
- alles mischen
- Masse 5 Minuten lang kräftig kneten, mit dem Zauberstab pürieren oder kuttern
- erneut anfrieren, dann abfüllen und abbinden
- Würste bei 65 °C pro cm Durchmesser 10 Minuten brühen und/oder gleich auf niedriger Temperatur 15 Minuten von allen Seiten schön braun anbraten

Grillwürstchen schmecken zu jeder Jahreszeit.

Reste in den Wurzelseppi
Sie finden im Kühlschrank Dinge, die für nichts mehr reichen, aber für den Müll zu schade sind? Machen Sie „Wurzelseppi" daraus! Alles putzen, wolfen, portionsweise einfrieren (Eiswürfelbehälter) und nach Bedarf auftauen. Fleisch, Speck, Salz dazu. Fertig ist die Grundlage für die nächste Wurst! Das passt in ein Wurzelseppi: Suppengrün, Wurzeln, Zwiebeln, Knoblauch, Ingwer, Schmand, Tomatenmark, Brot, Kräuter, Zitrusschalen …

Miss Daisy
mit feinem Entenfleisch

500 g Entenbrustfilet ohne Haut
200 g Schweinebauch
200 g Schweinehack
2 EL Schmand
Eisschnee aus 1 Tasse Sahne
1 Ei
1 Scheibe Toastbrot
12 g Salz
1 TL Blütenhonig
½ TL Rosa Beeren
je 1 Msp. Piment, Kardamom, Macis und Thymian
2 EL Petersilie

So geht's
- Fleisch und Bauch anfrieren, mit dem Brot wolfen
- alles mischen
- Masse 5 Minuten lang kräftig kneten, mit dem Zauberstab pürieren oder kuttern
- erneut anfrieren, dann abfüllen und abbinden
- Würste bei 70 °C pro cm Durchmesser 10 Minuten brühen und/oder gleich auf niedriger Temperatur 15 Minuten von allen Seiten schön braun anbraten

Mein Tipp:
Lecker schmeckt dazu die Granatapfel-Walnuss-Sauce (Seite 134), Polenta mit Parmesan und grüne Bohnen.

Pfefferbrutzler
knackig verfeinert

600 g Schweinehack
200 g Kalbfleisch
200 g fetter Speck
1 EL Schmand
Eisschnee aus 1 Tasse Wasser
1 Zwiebel gewürfelt und in etwas Öl angedünstet
je 2 EL grüne Pfefferkörner und gehackte Walnüsse
1 TL Salz
je 1–2 Msp. Muskat, Schabzigerklee, Nelken und Piment

So geht's
- Fleisch und Bauch anfrieren, wolfen
- alles mischen (bis auf grüne Pfefferkörner und gehackte Walnüsse)
- Masse 5 Minuten lang kräftig kneten, mit dem Zauberstab pürieren oder kuttern
- Pfefferkörner und gehackte Walnüsse einmischen
- erneut anfrieren, dann abfüllen und abbinden
- Würste bei 75 °C pro cm Durchmesser 10 Minuten brühen und/oder gleich auf niedriger Temperatur 15 Minuten von allen Seiten schön braun anbraten

Mein Tipp:
Braten Sie Zwiebelringe mit, das macht die Würstchen besonders schmackhaft.

Cheesy
rustikale Käse-Grillwurst

500 g Schweinebauch
Eisschnee aus 1 Tasse Milch
1 TL Salz
je ½ TL Pfeffer, Piment, Macis und Koriander
150 g feste Käsewürfel, zum Beispiel Emmentaler, alter Gouda oder Bergkäse

So geht's
- Bauch anfrieren, wolfen
- alles bis auf den Käse mischen
- Masse 5 Minuten lang kräftig kneten, mit dem Zauberstab pürieren oder kuttern
- Käsewürfel einmischen
- erneut anfrieren, dann abfüllen und abbinden
- Würste bei 85 °C pro cm Durchmesser 10 Minuten brühen und/oder gleich auf niedriger Temperatur 15 Minuten von allen Seiten schön braun anbraten

Exotic Dream
scharf und lecker

400 g Lammfleisch
400 g Schweinehack
160 g fetter Speck
je ½ TL Kreuzkümmel, Zimt und Koriander und Tamarind
je 1 EL Pfefferschrot, Chiliflocken und Sambal Oelek
1–2 Knoblauchzehen zerdrückt
Eisschnee aus 1 Tasse Milch
1 EL Olivenöl
je 1 TL Salz und Zitronensaft
2–3 Minzeblättchen

So geht's
- Fleisch und Speck anfrieren, wolfen
- Knoblauchzehen in Öl andünsten, kalt stellen
- alles mischen
- Masse 5 Minuten lang kräftig kneten, mit dem Zauberstab pürieren oder kuttern
- erneut anfrieren, dann abfüllen und abbinden
- Würste bei 85 °C pro cm Durchmesser 10 Minuten brühen und/oder gleich auf niedriger Temperatur 15 Minuten von allen Seiten schön braun anbraten

Mein Tipp:
Mit Taboulé wird eine exotische Mahlzeit daraus.

Gewürze wie Kumin, Chili, Koriander und Curryblätter machen aus einer Bratwurst ein exotisches Geschmackserlebnis.

Madame Dubarry
delikate Orangenwürstchen

1 kg Schweinehack
je 2 EL Orangensaft, Cointreau und Paprikastreifen
je 1 EL Salz, Tamarind und Orangenschale
Eisschnee aus 1 Tasse Sahne
je 1 TL schwarzer Pfeffer, Fenchelsamen, Chiliflocken, Paprika edelsüß, Majoran

So geht's
- alles mischen, 24 Stunden im Kühlschrank durchziehen lassen, wolfen
- Masse 5 Minuten lang kräftig kneten, mit dem Zauberstab pürieren oder kuttern
- anfrieren, dann abfüllen und abbinden
- Würste abermals einen Tag lang durchziehen lassen
- Würste auf niedriger Temperatur 15 Minuten von allen Seiten schön braun anbraten

Mein Tipp:
Dieses feine Würstchen – es passt auch zu edlen Gelagen – harmoniert mit Süßkartoffelpüree und rotem Linsencurry.

Das Orangenmädchen
Madame Dubarry, die ebenso charmante wie schöne Maitresse des französischen Königs Ludwig XV. muss Blumenkohl und Orangen geliebt haben, denn die vielen Gerichte, die ihr gewidmet sind, beinhalten oft eine oder beide dieser Zutaten. Diese Wurst erinnert an die ebenso schöne wie warmherzige und charmante Frau, die 1793 unter der Guillotine starb.

Moulin Rouge
Rotweinwürstchen

700 g gemischtes Hack
300 g fetter Speck
1 Ei
4 EL kräftiger Rotwein
Eisschnee aus 2 Tassen Wasser
je 1 TL Pfefferschrot und Honig
je 1 kleine Zwiebel und Knoblauchzehe gehackt und in
1 TL Öl gedünstet
1 TL Salz
je 1 Msp. Muskat, Nelken und Piment

So geht's
- Hack und Speck anfrieren, wolfen
- alles mischen
- Masse 5 Minuten lang kräftig kneten, mit dem Zauberstab pürieren oder kuttern
- erneut anfrieren, dann abfüllen und abbinden
- Würste bei 85 °C pro cm Durchmesser 10 Minuten brühen und/oder gleich auf niedriger Temperatur 15 Minuten von allen Seiten schön braun anbraten

Mein Tipp:
Pfanne vor dem Braten mit einer halben Knoblauchzehe ausreiben, das ergibt noch mehr Würze! Tomaten-Brotsalat, Gnocchi mit Salbeibutter oder Pellkartoffeln mit Kräuterquark und Paprikastreifen passen gut dazu.

Crossover
Bratwürstchen mit Krabben

600 g gemischtes Hack
200 g Schweinebauch
200 g Krabben, gegart
15 g Meersalz
je ½ TL Pfefferschrot, Honig, Curry, Chiliflocken, Muskat und Paprika edelsüß
je 2 EL frischer Kerbel und rote Zwiebelwürfel
eventuell 1 EL Jubi, Linie oder Aquavit
Eisschnee aus 1 Tasse Milch

So geht's
- Hack und Bauch anfrieren, wolfen
- alles mischen
- Masse 5 Minuten lang kräftig kneten
- erneut anfrieren, dann abfüllen und abbinden
- Würste bei 85 °C pro cm Durchmesser 10 Minuten brühen und/oder gleich auf niedriger Temperatur 15 Minuten von allen Seiten schön braun anbraten

Die haben's in sich: Walnuss-Pfefferbratwürstchen, Rotweinbratwürstchen, Geflügel-Wildpilzwürstchen.

Wilder Feger
direkt aus dem Wald

500 g Wildschweinhack (alternativ geht auch Schweinehack)
200 g Geflügelfleisch
250 g fetter Speck
2 Eier
1 Tasse Sahne-Eisschnee
1 Zwiebel gehackt und in 1 TL Öl gedünstet
je 2 EL getrocknete Wildpilze gehackt (Steinpilze, Butterpilze, Pfifferlinge …) und Petersilie
je 1 TL Salz und Paprika rosenscharf und edelsüß, Pimpinelle
je 1–2 Msp. Muskat, Koriander und Macis

So geht's
- Fleisch und Speck anfrieren, wolfen
- alles bis auf Pilze und Petersilie mischen
- Masse 5 Minuten lang kräftig kneten, mit dem Zauberstab pürieren oder kuttern
- Pilze und Petersilie hacken, untermischen
- erneut anfrieren, dann abfüllen und abbinden
- Würste bei 75 °C pro cm Durchmesser 10 Minuten brühen und/oder auf niedriger Temperatur 15 Minuten von allen Seiten schön braun anbraten

Mein Tipp:
Käsespätzle mit grünem Mischsalat oder bunter Nudelauflauf passen zu den Wilden Fegern besonders gut.

Bierkönigs Perle
mit Schwarzbier angereichert

500 g Schweinehack
250 g Schweinebauch
je 1 Msp. Muskat, Macis, Pfeffer, Piment und Koriander
je 1 TL Salz und Kümmel
je 2 EL Zwiebel- und Knoblauchwürfel gedünstet
1 TL Zitronenschale
100 g Schwarzbier
Eisschnee aus 1 Tasse Sahne

So geht's
- Hack und Bauch anfrieren, wolfen
- alles mischen
- Masse 5 Minuten lang kräftig kneten, mit dem Zauberstab pürieren oder kuttern
- erneut anfrieren, dann abfüllen und abbinden
- Würste bei 65 °C pro cm Durchmesser 10 Minuten brühen und/oder gleich auf niedriger Temperatur 15 Minuten von allen Seiten schön braun anbraten

Mein Tipp:
Dazu dunkles Bier, CBQ-Sauce (Seite 132), Ofenkartoffeln mit Sour Cream und Tomatensalat. Lecker!

Was Kreide und Wurst verbindet?
Eigentlich fast nichts. Aber es war wohl einmal eine Wurst dafür verantwortlich, dass Luther „in der Kreide stand". Und das kam so: Wurstliebhaber Luther ließ sich in einem Gasthof eine Bratwurst schmecken. Dann ging er – ohne zu bezahlen. Der Wirt notierte mit Kreide auf einer Tafel, was Luther schuldig geblieben war, eine bis heute übliche Sitte. Da stand er nun, der große Reformator, in der Kreide.

Statt in der Pelle: Kräuterblut im Glas.

Kräuterblut
für Fans deftiger Würste

350 g Wildschweinhack (alternativ geht auch Schweinehack)
300 g Schweinebauch
200 g fetter Speck
100 g Blut (oder als Pulver in 100 ml Wasser oder Sahne angerührt)
je 1 EL Salz und Tomatenmark
je ½ TL Piment und Macis
1 Knoblauchzehe zerdrückt
je 2 EL Zwiebelwürfel und Schmand
je 1 TL Butter und Pfefferschrot
je 1 TL brauner Zucker, Zitronenschale und Sherry
6 EL frische grüne Kräuter gemischt
2 EL Speckwürfel

So geht's
- Fleisch, Bauch und Speck anfrieren, wolfen
- Speckwürfel, Kräuter, Zwiebeln und Knoblauch dünsten und abkühlen lassen, dann mit Tomatenmark, Pfeffer, Zucker, Zitronenschale und Sherry mischen
- alles vermengen
- Masse 5 Minuten lang kräftig kneten, mixen oder kuttern
- erneut anfrieren, dann abfüllen und abbinden
- Würste bei 85 °C pro cm Durchmesser 10 Minuten brühen und/oder gleich auf niedriger Temperatur 15 Minuten von allen Seiten anbraten

Helena
griechisches Bratwürstchen

500 g Schweinehack
500 g fetter Speck
1 EL Salz
2 EL Fetakrümel
Eisschnee aus 1 Tasse Wasser
je 1 TL Metaxa, Fenchelsamen, Chiliflocken und Pfefferschrot
je ½ Msp. Muskat, Piment, Koriander

So geht's
- Fleisch und Speck anfrieren, wolfen
- alles (bis auf die Fetakrümel) mischen
- Masse 5 Minuten lang kräftig kneten, mit dem Zauberstab pürieren oder kuttern
- Feta untermischen
- erneut anfrieren, dann abfüllen und abbinden
- Würste bei 75 °C pro cm Durchmesser 10 Minuten brühen und/oder gleich auf niedriger Temperatur 15 Minuten von allen Seiten schön braun anbraten

Fleischkäse oder Leberkäse?

Zu den Brühwürsten zählt auch der Fleischkäse. Eine dicke, warme Scheibe auf einem Brötchen, mit etwas Senf bestrichen, ist ein leckerer Snack. Mit gebratenen Zwiebeln und Kartoffelpüree ist er ein Stück Kindheit – für viele jedenfalls. Inhaltlich unterscheidet sich Fleischkäse kaum von einer feinen Lyoner oder Schinkenwurst, allein die Machart ist's! In Bayern freilich wird der Teig des „Lebakaas" gerne auch „mit am Stückerl G'surten", also mit einem Stück gepökelten Fleisch hergestellt. Außerhalb Bayerns ist tatsächlich häufig ein kleiner Anteil Leber drin.

Fleischkäse wird nicht wie Wurst in Pelle gebrüht, sondern in einer Kastenform im Ofen gebacken. Dafür können Sie einfach Kuchen- oder Terrinenformen nehmen, nur wer es ganz authentisch mag, besorgt sich die speziellen Aluformen.

Der Rest ist ganz einfach: Wurstmasse herstellen, einfüllen, backen: pro kg Wurstmasse rechnet man etwa eine Stunde Backzeit bei 150 °C, bei größeren Mengen müssen Sie die Backzeit entsprechend verlängern.

> **Warum eigentlich Fleisch „käse"?**
> Die Legende begründet's so: Nach dem Tod 1777 von Kurfürst Maximilian III. in Bayern, trat sein Vetter Karl Theodor, Kurfürst von Pfalz, seine Nachfolge als Kurfürst von Bayern an und verlegte die Residenz flugs nach Mannheim. Der von dort mitgebrachte Metzger soll es gewesen sein, der erstmals klitzeklein gehacktes Fleisch in einer eckigen Form gebacken und damit den Leberkäse erfunden haben soll. Das Ergebnis soll den Namen nach der Form bekommen haben – einer eckigen Käseform.

FLEISCHKÄSE
Grundrezept für 1 kg

600 g mageres Fleisch
400 g Bauch
20–22 g Nitritpökelsalz
1 Msp. Pfeffer
3 TL Gewürze wie Zwiebeln, Thymian, Macis oder Ingwer
300 g Eischnee (Wasser, Sahne oder Milch)

So geht's
- Bauch und Fleischteile anfrieren, zwei- bis dreimal wolfen
- frische Zutaten wie Zwiebeln und Kräuter in Olivenöl andünsten, kalt stellen
- alles mischen
- Masse 5 Minuten lang kräftig kneten, mit dem Zauberstab pürieren oder kuttern
- alles in eine gefettete Kastenform füllen
- bei Ober- und Unterhitze und 150–160 °C pro Kilo 90 Minuten backen

Mein Tipp:
Besonders „rösch" wird die Kruste, wenn Sie den Fleischkäse die letzten 5 Minuten grillen und mit etwas Honig oder Bier bestreichen.

Fleischkäse Herbstgenuss
schmeckt nach Äpfeln und der Normandie

500 g gemischtes Hack
300 g Schweinebauch
200 g Sahne-Eisschnee
je 100 g säuerlicher Apfel (in schmalen Spalten) und Zwiebeln
1 TL Olivenöl
18 g Nitritpökelsalz
½ TL brauner Zucker
1–2 EL Calvados
2 EL Pistazienkerne
je 1 Msp. Macis, weißer Pfeffer, Koriander, Kardamom, Ingwer und Muskat

So geht's
- Hack und Bauch anfrieren, zwei- bis dreimal wolfen
- Apfel und Zwiebelstückchen in Olivenöl andünsten, mit Zucker mischen und mit Calvados ablöschen, kalt stellen
- bis auf die Apfelmischung und die Nüsse alles mischen
- Masse 5 Minuten lang kräftig kneten, mit dem Zauberstab pürieren oder kuttern
- Apfelmischung und Nüsse untermengen
- alles in eine gefettete Kastenform füllen
- bei 150 °C etwa 1 Stunde backen

Fleischkäse Mailänder Art
mit überraschendem Innenleben

400 g gemischtes Hack
200 g Schweinebauch
150 g Eisschnee
20 g Nitritpökelsalz
je 1 EL Madeira und flüssige Butter
2 EL Zwiebeln gehackt
1 Knoblauchzehe
je 1 Msp. Macis, weißer Pfeffer, Koriander, Kurkuma, Paprika edelsüß und Muskat

Einlagen:
50 g gekochte Makkaroni
je 2 EL getrocknete Steinpilzstückchen, Tomaten und Streifchen von gekochtem Schinken
1 EL Butter
2–3 EL kleine Parmesanwürfel

So geht's
- Hack und Bauch anfrieren, zwei- bis dreimal wolfen
- Einlagen (bis auf den Parmesan) in der Butter andünsten, kalt stellen
- bis auf die Einlagen alles mischen
- Masse 5 Minuten lang kräftig kneten, mit dem Zauberstab pürieren oder kuttern
- Einlagen untermengen
- alles in eine gefettete Kastenform füllen
- bei 150 °C ca. 1 Stunde backen

Mit Äpfeln und Calvados wird aus Fleischkäse etwas ganz Besonderes.

Fusion-Laib
Orient trifft Okzident: Geflügelleberkäse mit Datteln

200 g Geflügelhack
200 g gepökeltes Geflügelfleisch
200 g Schweinebauch
100 g Geflügelleber
150 g Eisschnee
100 g Speckwürfelchen
150 g Datteln gehackt
1 große Zwiebel gehackt
4 EL Walnuss-Stückchen
1 TL Olivenöl
18 g Nitritpökelsalz
je 1 TL Majoran und brauner Zucker
je 1 Msp. Macis, weißer Pfeffer, Koriander, Paprika edelsüß

So geht's
- Fleisch anfrieren, zwei- bis dreimal wolfen
- Zwiebeln, Datteln und Speckwürfelchen in Olivenöl andünsten, mit Zucker mischen, zur Seite stellen
- bis auf Dattelmischung und Nüsse alles mischen
- Masse 5 Minuten lang kräftig kneten, mit dem Zauberstab pürieren oder kuttern
- Dattelmischung und Nüsse untermengen
- alles in eine gefettete Kastenform füllen
- bei 150 °C ca. 1 Stunde backen

Leberkäse mit Leber
wie der Name schon sagt …

250 g Kalbsleber
250 g gemischtes Hack
250 g Schweinebauch
200 g Sahne-Eisschnee
4 EL Zwiebelwürfel
1 helles Brötchen
1 Handvoll schwarze Johannisbeeren getrocknet
je 1 TL Salz und Majoran
je ½ TL Muskat, Pfeffer, Piment, Engelwurz und Koriander

So geht's
- Fleisch anfrieren, mit dem Brötchen zwei- bis dreimal wolfen
- alles (bis auf die Johannisbeeren) mischen
- Masse 5 Minuten lang kräftig kneten, mit dem Zauberstab pürieren oder kuttern
- Johannisbeeren untermischen
- alles in eine gefettete Kastenform füllen
- bei 180 °C ca. 40 Minuten backen

Ein badisches „Fleischkäs'weckle" schmeckt immer.

Extra-Schmankerl: Ultimative Wurstsalate

Auch wenn Salat keine Wurst ist – daraus gemacht sind Fleisch- oder Wurstsalat allemal. Genießen Sie doch öfters mal diese besonders raffinierten Wurstsalate!

BADENSER WURSTSALAT
feines Gourmet-Schmankerl

150 g Geflügelfleischwurst
150 g Kasseler
100 g Käse, zum Beispiel Emmentaler
je 1–2 EL Obstessig und Beeren-Gelée
2–3 EL gutes Öl
je 4 EL Schnittlauch in Röllchen, Rucolastreifen, klein gehackte rote Paprika, Zwiebel- und Gewürzgurken-würfelchen
Salz und Pfeffer

SO GEHT'S
- Fleischwurst und Käse grob reiben, Kasseler in feine Streifen schneiden
- Kräuter und Gemüse dazugeben
- Salatsauce rühren, alles mischen

MEIN TIPP:
Dazu ein Nussbaguette und einen kräftigen Rotwein … was will man mehr?

SCHWÄBLES LIEBLINGSSALAT
Wurstsalat aus dem tiefen Süden

je 150 g Fleischwurst und Schwarzwurst
je 2–3 EL Zwiebeln und Gewürzgurken gewürfelt
je 1 TL feiner Senf, brauner Zucker und Gurkenwasser
2 EL weißer Balsamicoessig
4 EL Walnussöl
Salz und Pfeffer

SO GEHT'S
- Fleisch- und Schwarzwurst reiben oder in dünne feine Streifen schneiden
- mit den Zwiebel- und Gurkenwürfeln mischen
- Dressing rühren und unter die Wurstmasse mengen

MEIN TIPP:
Dunkles Brot und ein Glas Trollinger passen am besten dazu.

ALLES WURSTSALAT ODER WAS?
Viele Landstriche haben eigene Wurstsalat-Varianten hervorgebracht. Lassen Sie sich inspirieren.
Berliner Art: mit Bierschinken, Schnittlauch, Meerrettich und Senfgurken
- Bayrische Art mit Weißwurst, Radieschen, Tomaten und süßem Senf
- Holländische Art: mit Geflügelfleischwurst, Mais, Edamer und Mixed Pickles
- Italienische Art: mit Mortadella, Parmesanstückchen, getrockneten Tomaten und Oliven
- Ungarische Art: mit Fleischwurst, Tokajer, Paprika und Gewürzgurken

Ist zwar keine Wurst, aber aus Wurst gemacht: feiner Fleischsalat.

Every Day
Fleischsalat schnörkellos und pur

je 100 g Fleischwurst, Kasseler und Bratenaufschnitt
6 kleine Gewürzgurken
je 2 EL Schalotten gewürfelt, Mayo (möglichst mit 60% Fett) und glatte Petersilie gehackt
je 1 TL brauner Zucker und Weißwein- oder Balsamicoessig
einige Spritzer Maggi
Salz und Pfeffer

So geht's
- Fleischwurst und Gürkchen grob reiben
- Kasseler und Braten in feine Streichen schneiden
- alles zusammenmischen
- abschmecken

Schnucki
Schnuckenfleischsalat mit Backpflaumen und Äpfeln

100 g Heidschnuckenbraten mager oder Lammbraten
je 50 g Fleischwurst und Kasseler
½ Apfel
1 Gewürzgurke
2 Wacholderbeeren zerdrückt
1 TL Balsamicoessig
je 2 EL glatte Petersilie gehackt und Mayo (möglichst 60%ige)
1 TL Backpflaumen klein gehackt
je ½ TL brauner Zucker und Zwiebelpulver
einige Spritzer Tabasco
Salz und Pfeffer

So geht's
- Braten und Kasseler fein schneiden, Fleischwurst, Apfel und Gurke grob reiben
- alles zusammenmischen
- abschmecken

Sunday Morning
leckerleichter Start in den Sonntag

2 Hühnchenbrüste
1 kleine Schalotte
2 Zweige frischen Dill
2 dicke frische Champignons
ca. 5 cm Salatgurke
1 Ei hartgekocht
je 2 EL Remoulade und Schmand
Salz und Pfeffer

So geht's
- Brüste in wenig Salzwasser oder Brühe vorsichtig weich kochen, fein schneiden
- Gurke, Champignons und Schalotte würfeln, Dill hacken, Ei pellen und im Eierschneider würfeln
- alles zusammenmischen
- mit Salz und Pfeffer abschmecken

Mein Tipp:
Wer den Salat am Abend vorher vorbereiten will, sollte den Schmand weglassen, da er, wie alle milchhaltigen Produkte, schnell Wasser zieht.
Feine Alternative: Statt Ei, Dill, Gurke, Remoulade und Schalotte: Spargel, Mayo und Ananas.

Aus dem Kochkessel

Kochwürste – das Handling

Kochwürste sind die idealen Einsteigerwürste, weil sie eben gekocht sind: Das heikle Reifen, für das man bei Rohwürsten etwas Fingerspitzengefühl braucht, fällt weg. Simpel!

WURST AUS DEM KOCHKESSEL Bei den Kochwürsten bleiben die Hände warm, das wird die ewig Verfrorenen freuen. Im Gegensatz zu den Rohwürsten muss hier die Masse nämlich nicht eiskalt verarbeitet werden – die Zutaten werden ja ohnedies gleich gegart. Die Bindung der Zutaten erfolgt beim Brühen. Dafür ist Fett, ausgetretenes Kollagen (Gelée) und geronnenes Eiweiß verantwortlich.

Kochwurst wird aus sehr fein zerkleinertem Fleisch und Fett hergestellt, dazu kommen Salz und Flüssigkeit, manchmal auch Einlagen wie Schinkenwürfel, Speck, Gemüse oder grobe Gewürze.

Alle Kochwürste – von schnittfest bis streichfähig – werden während des Herstellungsprozesses zweimal gegart, und zwar vor und nach dem Abfüllen. Einzelne Zutaten wie Blut, Leber oder andere Innereien werden allerdings roh oder nur kurz blanchiert oder gedünstet zur Wurstmasse gegeben.

Zu den Kochwürsten zählen Leberwürste, Blutwürste, Terrinen oder Sülzen. Das Angebot hierzulande ist gewaltig – etwa 350 verschiedene Sorten unterteilen sich in drei große Gruppen:
- Kochstreichwurst (wie Leberwürste aller Art, Pasteten, Terrinen und Kochmettwürste wie Saumagen oder Pinkel)
- Blut- oder Rotwurst
- Sülzwurstsorten (wie Corned Beef, Fleisch in Aspik oder Schwartenmagen)
- Kochschinken, Schmalz

Kochwurst-Basics Für Kochwürste können Sie alle Fleischarten einschließlich Schwarten, Haut oder Blut verwenden. Schwarten sind der „Kitt" der Kochwürste. Beachten Sie dazu auch die generellen Tipps zum Wursten auf Seite 10.
- Kochen Sie, außer Blut, alle Fleischteile vorweg, bis die Teile weich sind. Die Leber und andere Innereien allerdings, wenn überhaupt, nur zum Erhalt der Farbe kurz andünsten oder blanchieren.
- Schwarten weich kochen, also bis sie zwischen Daumen und Zeigefinger quetschbar sind.

BLUBBER ODER NICHT?
Garen meint einfach verschiedene Arten der Erhitzung, wie zum Beispiel Dünsten, Dämpfen, Braten, Kochen, im Wasserbad erwärmen oder Grillen. Wasser kocht (und damit blubbert's) oder siedet bei einem Siedepunkt von 100 °C, je nach Höhenlage auch weniger: je niedriger der Luftdruck (also je höher der Berg), desto niedriger der Siedepunkt – das Geheimnis des Dampfgarens.
Es simmert bei Temperaturen kurz unterm Siedepunkt (65–95 °C) und gebrüht wird in eben diesem simmernden Wasser. Kurzes Brühen nennt man Blanchieren.

- Einlegefleisch immer durchgaren und als Stückchen dazugeben.
- Blutpulver stets nach Herstellerhinweisen vorab auflösen.
- Bitte nie das Salz und die feinen Gewürzzutaten vergessen – sonst wird die Wurst bald schlecht. Wenn Sie sich nicht an der Graufärbung der fertigen Wurst stören, genügt bei Kochwürsten auch einfaches Kochsalz statt Nitritpökelsalz.
- Weitere Zutaten weich dünsten.
- Das Brät (außer eventuellen Einlagen) sollten Sie für Kochwürste möglichst fein zerkleinern (Zauberstab, Mixer, Kutter).
- Jetzt müssen Sie die Wurstmasse abfüllen – am einfachsten geht das bei Kochwürsten in Folien oder Gläser. Wollen Sie die Würste später räuchern, nehmen Sie räucherbare Hüllen. Mehr Tipps zu Hüllen und zum Abfüllen finden Sie ab Seite 26.
- Brühen Sie die Würste bei Temperaturen von 65–95 °C, das sorgt für Festigkeit in der Wurst. Rechnen Sie pro cm Durchmesser 10 Minuten Brühzeit.
- Zum Schluss die Würste in einem Becken mit kaltem Wasser abkühlen. Gläser zum Auskühlen auf Tücher stellen.
- Nach dem Erkalten können Sie die Würste (in Pelle) noch räuchern.

Kochwurst
Grundrezept für 1 kg Kochwurst

Einfache Kochwurst:
750 g Hack
150 g Schwarte
100 g Bauchspeck
1 EL Nitritpökelsalz (oder Speisesalz und 1 Msp. Salpeter)
3 TL Gewürze gemischt

Mit Blut:
20–30 % des Fleisch- und Bauchanteils durch Blut (frisch oder als Pulver in Flüssigkeit gelöst) ersetzen

Mit Leber:
statt der Schwarte die gleiche Menge Leber dazugeben

Mit weiteren Innereien:
- 20–30 % des Fleisches durch Innereien ersetzen
- Zutaten nach Anleitung kochen
- dann alles wolfen, mischen, abfüllen und brühen

Kochstreichwurst selbst gemacht.

Von Leberwurst bis Schmalz

Finden Sie Ihren Liebling: vielleicht eine Leberwurst mit Bärlauch oder Maronen, die „Grüne Liese" mit Kümmel und Kartoffeln, eine feine Sülze mit Sommerblüten, Knuspergänseschmalz …?

Lieblings-Leberwurst

BÄRENSCHMAND
Leberwurst frisch aus dem Bärlauchwald

500 g Schweinebauch
500 g mageres Schweinefleisch
450 g Schweineleber
50 g Schmand
100 g Milch
25 g Nitritpökelsalz
1 große rote Zwiebel
1 TL Butter
je 1 Msp. weißen Pfeffer, Macis, Muskat
je 1 EL Bärlauch frisch oder gerebelt und frischer Majoran

SO GEHT'S
- Zwiebeln und Leber in der Butter andünsten
- Bauch und Fleisch weich kochen
- alle Zutaten wolfen, mischen, pürieren
- abfüllen, pro cm Durchmesser ca. 10 Minuten bei maximal 70 °C garen

Früher glaubten die Menschen, dass die Leber der Sitz der Seele und des Temperaments sei. Paul Fleming (1609–1640) lässt uns in seinem Hochzeitsgedicht sogar wissen, dass die Leber der Sitz der Liebe ist: „Vergebens ist uns nicht die Leber einverleibet / Sie, sie ist unser Gott, der uns zum Lieben treibet / Wer gar nicht lieben kann, der wisse, dass anstatt / der Leber er faul Holz und einen Bovist hat."

Eine gute Leberwurst sollte streichfähig sein, aus gutem Fleisch, Speck, Leber und Gewürzen bestehen und je nach Geschmack ganz fein gemahlen oder grob geschnitten sein. Hauptsache lecker!

Der Leberanteil sollte insgesamt bei maximal 30–35 % (der der Rinderleber an der Gesamtmenge höchstens bei 25 %) liegen, da die Wurst sonst bitter schmecken kann.

Für Wurstliebhaber ein sehr schönes und persönliches Geschenk: selbst gemachte Lieblingswurst hübsch verpackt.

BEERENMARKE
Putenleberwurst mit Preiselbeeren

200 g Putenleber
450 g Schweinefleisch
350 g Schweinebauch
1 TL Nitritpökelsalz
je 4–6 EL Schlagsahne und Kochbrühe
je 2 EL Preiselbeeren und Zwiebelwürfel gedünstet
je 1 TL Schweineschmalz und grüner Pfeffer
je 1 Msp. Macis, Muskat, Piment, Koriander, Pfeffer
1 EL Majoran

So geht's
- Leber im Schmalz anbraten
- Bauch und Fleisch in etwas Wasser weich kochen, 4–6 EL kommen davon später ins Brät
- alles bis auf Preiselbeeren und Zwiebelwürfel zweimal wolfen, mischen (die 4–6 EL Brühwasser nicht vergessen), pürieren
- Preiselbeeren und Zwiebelwürfel dazugeben
- abfüllen, pro cm Durchmesser ca. 10 Minuten bei maximal 70 °C garen

Mein Tipp:
Edle Varianten entstehen aus Lamm- statt Schweinehack, dabei Preiselbeeren durch Orangenstückchen und -schale ersetzen. Oder Grappa statt Brühe nehmen und Preiselbeeren durch Tomatenflocken und Pecorinokrümel ersetzen.

> **WÜRZE NACH GESCHMACK**
> Finden Sie etwas zu scharf? Zu fad? Zu süß? Kein Problem! Die in den Rezepten angegebenen Mengen können jederzeit etwas abgewandelt werden. Wenn Sie eine besondere Majorannote haben wollen, geben Sie davon einfach etwas mehr dazu. Sie mögen keine Gewürznelken? Ersetzen Sie sie mit Piment – oder lassen Sie sie einfach weg. Alles eben eine Frage des persönlichen Geschmacks.

HAUSMACHER-LEBERWURST
gesotten und für alle Tage

200 g Schweineleber
500 g Schweinefleisch mager
150 g Speckwürfel
150 g fetter Speck
18 g Nitritpökelsalz
4 EL Zwiebeln
je 1 EL Honig, Majoran, gekörnte Brühe und Butter
je 1 Msp. Pfeffer, Macis, Ingwerpulver und Thymian

So geht's
- Leber in der Butter anbraten, Zwiebeln mitdünsten
- Fleisch und Speck weich kochen
- Speckwürfel braten
- alle Zutaten bis auf die Speckwürfel wolfen, mischen, pürieren
- Speckwürfel dazugeben
- abfüllen, pro cm Durchmesser ca. 10 Minuten bei maximal 70 °C garen

Marönchen
Geflügelleberwurst mit Maronenstückchen

200 g Schweine- oder Geflügelleber
350 g Putenbrust
150 g Schweinebauch
100 g fetter Speck
14 g Nitritpökelsalz
je 2 EL Zwiebeln, Schlagsahne, Maronenstückchen (Esskastanien) und glatte Petersilie
je 1 Msp. weißer Pfeffer, Macis, Ingwerpulver, Kardamom und Thymian
je 1 TL Majoran, Honig, gekörnte Brühe und Butter

So geht's
- Leber in Butter anbraten, Zwiebeln, Maronenstückchen und glatte Petersilie mitdünsten
- Fleisch, Bauch und Speck weich kochen
- alles wolfen, mischen, fein pürieren
- abfüllen, pro cm Durchmesser ca. 10 Minuten bei maximal 75 °C garen

So wird's ein Ruckzuck-Marönchen:
- alle Zutaten bis auf die Leber und ½ Tasse extra Flüssigkeit im Dampftopf 5 (Gefrorenes 10–12) Minuten garen
- Leber in 1 TL Butter andünsten
- alles mischen, pürieren, abfüllen, verschließen
- sterilisieren, auskühlen lassen

Mein Tipp:
Nach dem Ruckzuck-Verfahren können Sie auch andere Kochwürste herstellen.

Mal etwas anderes und besonders lecker: Leberwurst mit Backobststückchen.

Fruit of the Day
Sahneleberwurst mit Backobst

500 g Schweinebauch
200 g mageres Schweinefleisch
300 g Kalbsleber
15–18 g Nitritpökelsalz
2–3 EL Zwiebelwürfel
je 1 TL Butter und Majoran
1 Handvoll Backobst
½ Becher Schlagsahne
je 1 Msp. weißer Pfeffer, Ingwer, Kardamom, Macis, Zimt, brauner Zucker und Vanillemark

So geht's
- Zwiebeln und Leber in der Butter andünsten
- Bauch und Fleisch weich kochen
- alles bis auf das Backobst zweimal wolfen, mischen, fein pürieren
- Backobst wolfen oder klein hacken und untermischen
- abfüllen, pro cm Durchmesser ca. 10 Minuten bei maximal 70 °C garen

„SCHMECKT WIE FRÜHER"-LEBERWURST
wurstene Kindheitsträume

200 g Schweineleber
200 g Schweinehack
200 g Schweinebauch
4 EL Zwiebelwürfel
1 TL Butter
15 g Nitritpökelsalz
je ½ TL weißer Pfeffer, Ingwer, Macis
1 EL Majoran
2 EL Schlagsahne

So geht's
- Leber und Zwiebeln in Butter andünsten
- Fleisch und Bauch weich kochen
- alles wolfen, mischen, fein pürieren, durch ein Sieb streichen
- abfüllen, pro cm Durchmesser ca. 10 Minuten bei maximal 75 °C garen

HANNCHEN
diese Kalbsleberwurst lässt Sie singen

250 g Schweinefleisch mager
250 g Schweinebauch
150 g Zwiebeln in 1 EL Öl gedünstet
250 g Kalbsleber
100 g Schlagsahne
je 1 EL brauner Zucker, trockener Rot- und Weißwein
15 g Nitritpökelsalz
je 1 Msp. weißer Pfeffer, Engelwurz, Thymian, Ingwer und Macis
je 2 TL Majoran, Petersilie, Petersilienwurzel, Lauch, Möhren und Zwiebeln jeweils fein gehackt

So geht's
- Leber, Gemüse und Zwiebeln in Öl andünsten
- Fleisch und Bauch weich kochen
- alles fein wolfen, mischen, pürieren, durch ein Sieb streichen
- abfüllen, pro cm Durchmesser ca. 10 Minuten bei maximal 75 °C garen

LEBERPATÉ
très chic, très bon

400 g Leber (Geflügel, Kalb oder Schwein)
50 g fetter Speck
2 EL Portwein
4 Eigelb
8 g Nitritpökelsalz
½ Becher Schlagsahne
2 EL Butter
je 1 TL Pfefferschrot und Majoran

So geht's
- Leber zerkleinern, mit Pfefferschrot und Nitritpökelsalz mischen, ½ Stunde im Gefrierfach kalt stellen
- Portwein erwärmen, dann über die Leber gießen
- Fett weich kochen. Sahne einmal aufkochen, alle Zutaten in einen Mixer geben und fein pürieren
- durch ein Sieb streichen, abfüllen
- pro cm Durchmesser 10 Minuten bei 80 °C garen

VOM VOLKSLIED INSPIRIERT
In einem Volkslied heißt es: „Petersilie, Suppenkraut, wächst in unsrem Garten, unser Hannchen ist die Braut, will nicht länger warten. Roter Wein, weißer Wein, morgen soll die Hochzeit sein". Klingt lecker, was? Das Lied war die Inspiration für diese feine Kalbsleberwurst.

Die Schwarz-Roten

Seit eh und je die Grundlage für Rotwurst: Brot, Speck, Sahne und Blut.

In Frankreich heißt sie boudin noir, in England black pudding, die spanische Version nennt sich morcilla, die finnische mustamakkara. Die Rede ist von der Blutwurst, die entweder geliebt oder verabscheut wird. Ein Mittelding gibt es hier nicht.
Die klassische Blutwurst (auch Rotwurst oder Schwarzwurst genannt) ist eine Kochwurst aus gewürztem Blut, meist vom Schwein. Dazu kommen Speck, oftmals Schwarten und viele weitere Zutaten wie Brot und Gewürze. Das bekannteste deutsche Gericht dazu dürfte „Himmel und Erde" sein – Kartoffelbrei mit Apfelmus, dessen Sonntagsvariante mit Blutwurst, gerösteten Zwiebeln und Speck serviert wird.
An frisches und noch *warmes Schweineblut* zu kommen, ist nicht einfach. Seine Verarbeitung ist auch nicht nach jedermanns Geschmack. Für die häusliche Küche können Sie sich aber mit *Blutpulver* behelfen. Es wird nach Herstellervorgaben (mit Wasser, Milch oder was sonst ins Rezept passt) angerührt und schon ist die wichtigste Zutat für eine feine Blutwurst bereit zur Verarbeitung. Die Wurst aus ganz frischem Blut mag köstlicher schmecken, doch so geht's auch!
Unterschieden werden die Blutigen sozusagen nach den inneren Werten:
- mit Speckwürfeln
- mit Schwarte
- mit reinem Blut
- mit gekochter Zunge
- mit Schinken

BLUTWURST IN DER GESCHICHTE
Blutwurst ist die wohl älteste bekannte Wurstsorte. Bereits in der Antike war sie Bestandteil des Speiseplans und wurde oft von Kriegern zubereitet. Homer ließ Odysseus bei der Rückkehr nach Ithaka um eine Wurst kämpfen – einen mit Schweineblut und -fett gefüllten Schweinemagen. Im alten Rom aß man Blutwurst zu Ehren des Gottes der Fruchtbarkeit.

Blutwurst Classica
bekannt, beliebt, gut

je 150 g Bauchfleisch, Bauchspeck und Schweineschwarte
50 g fetter Speck
150 g Zwiebeln
1 TL Butter
250 g frisches Schweineblut (oder als Pulver mit 250 ml Wasser oder Sahne angerührt)
je 1 TL Salz und gekörnte Brühe
je 1 Msp. Pfeffer, Majoran, Thymian, Macis, Piment, Nelken und Kardamom

So geht's
- Fleisch, Bauch und Schwarte weich kochen, mehrmals wolfen
- fetten Speck fein würfeln, mit ca. 90 °C heißem Wasser übergießen, 10 Minuten stehen lassen, Wasser abgießen
- Zwiebeln in etwas Butter andünsten
- alles mischen
- abfüllen, pro cm Durchmesser 10 Minuten bei 100 °C garen

Mein Tipp:
Diese Wurst ist Höhepunkt eines kräftigen Vespers: kühles Hefeweizen, Tomatenrelish (Seite 130), saure Gurken und Bauernbrot. Da kann der Feierabend kommen!

Das kleine Schwarze
Schwarzwürstchen mit feinen Gewürzen

400 g Schweinebauch
100 g fetter Speck
300 g Schweineschwarte
200 g Schweineblut (oder als Pulver in 200 ml Wasser angerührt)
16 g Salz
je 1 Msp. Piment, schwarzer Pfeffer, Paprika rosenscharf, Koriander und Macis
3 EL Zwiebelwürfel
1 TL Majoran

So geht's
- fetten Speck in Würfelchen schneiden, mit ca. 90 °C heißem Wasser übergießen, ca. 10 Minuten stehen lassen, abgießen
- Schwarten und Bauch weich kochen, wolfen
- Zwiebelwürfel in Butter andünsten
- alle Zutaten mischen
- abfüllen, pro cm Durchmesser 15 Minuten bei 80 °C brühen
- eventuell einen Tag in den Kaltrauch hängen, dann wie Salami lufttrocknen lassen

Mein Tipp:
Birnen-Zwiebelchutney (Seite 134) und Kartoffelbrei machen diese Wurst zu einer Delikatesse.

Blutwurst mit Variationen
Für kulinarische Varianten können Sie den Teig verfeinern:
- 1 TL Preiselbeeren zum Wursteig geben
- Würste erkalten lassen, dann für 15 Minuten in den Heißrauch hängen
- Wurst mit vielen Zwiebeln anbraten – passt gut zu Kartoffelpüree, Apfelmus und Sauerkraut
- Brät nach dem Brühen aus der Wurst rausdrücken und als Gröschtl (mit Kartoffeln, Zwiebeln, Äpfeln, Zimt und glatter Petersilie) aus der Pfanne essen

Besonderes verlangt nach besonderen Namen: Black Tie.

BLACK TIE
Blutleberwurst – nur für Kenner

250 g Schweineleber
250 g Schweinebauch
100 g Schweinefleisch mager
150 g Schweineschwarten
100 g Schlagsahne
150 g Blut (oder als Pulver in 150 ml Wasser angerührt)
4 EL Zwiebelwürfel
18 g Salz
1 TL Zitronenschale
4 Kapern
1 EL Balsamicoessig
je 1 Msp. Macis, Koriander, Piment und Pfeffer schwarz
je 1 TL Petersilie und Majoran
4 EL gehackte Pistazienkerne

SO GEHT'S
- Fleisch, Speck und Schwarten weich kochen
- Leber einige Minuten mitgaren
- alles wolfen, mischen, pürieren
- abfüllen, pro cm Durchmesser 10–12 Minuten bei 85 °C garen

MEIN TIPP:
Blutleberwurst gilt unter Kennern als besondere Delikatesse. Probieren Sie doch auch mal andere Variationen, zum Beispiel mit Preiselbeeren, Schinken- oder Apfelstückchen, oder als Geflügel- oder Wildleberwurst.

Boudin noir
typisch französisch

500 g mageres Schweine-
fleisch
150 g Schweinebacken
150 g Schweineschwarte
100 g fetter Speck
200 g frisches Schweineblut
(oder als Pulver in 200 ml
Wasser oder Milch ange-
rührt)
50 g Schlagsahne
150 g ganze Haselnüsse
20 g Salz
je 1 Msp. Pfeffer, Nelken, Kardamom, Macis und Piment
1 EL Majoran

So geht's
- Fleisch, Schweinebacken und Schwarte weich kochen
- bis auf den fetten Speck alle Zutaten wolfen
- Speck fein gewürfelt schneiden, mit ca. 90 °C heißem Wasser brühen, 10 Minuten stehen lassen, Wasser abgießen
- alle Zutaten mischen
- abfüllen, pro cm Durchmesser 15 Minuten bei 80 °C brühen

Rote Hex'
scharf mit Chili

200 g Schweinerückenspeck
200 g frisches Schweineblut (oder als Pulver angerührt
in 200 ml Wasser oder Schmand, dann den Schmand im
weiteren Rezept weglassen)
200 g Schweinebauch
100 g fetter Speck
200 g Schweineschwarte
4–5 EL Zwiebelwürfel
1 Knoblauchzehe zerdrückt
1 TL Butter
1 EL Salz
1 EL Schmand
2 EL Chiliflocken
je ½ TL Kümmel, Majoran, Nelken, Macis, Zimt und Zucker
1 TL Cayennepfeffer

So geht's
- Schwarte, Bauch und Rücken weich kochen, wolfen
- fetten Speck würfeln und anbraten
- Knoblauch und Zwiebeln in der Butter andünsten, Schmand dazugeben
- alles mischen
- abfüllen, pro cm Durchmesser 10 Minuten bei 65 °C brühen.
- Würste eventuell heiß räuchern, es entsteht zusätzlich zur Schärfe eine interessante Kümmel-Note

Gesotten und gesalzen

KIKERIKI
Hühnchen-Zwiebelwurst

500 g Hühnchenschenkel mit Haut
250 g Schweinebauch
250 g Zwiebeln
je 1 TL Butter und Honig
50 ml Sahne
1 EL Salz
je 1 TL weißer Pfeffer, Majoran, Piment, Macis, Ingwer und Zimt

SO GEHT'S
- Bauch weich kochen, Schenkel weich kochen und von den Knochen lösen, alles wolfen
- Zwiebeln in Butter andünsten, Gewürze dazugeben, mit Sahne ablöschen
- alle Zutaten mischen, pürieren, abfüllen
- pro cm Durchmesser 12 Minuten bei 90 °C garen

GRÜNE LIESE
gekochte Kümmelwurst mit Kartoffeln

100 g Kartoffeln
300 g Schweinebauch
300 g Putenfleisch
3 Zwiebeln in Würfeln
10 g Salz
1 TL Butter
2 EL Schmand
je 1 TL Petersilie, Schnittlauch, Liebstöckel, Kümmel und Kümmelschnaps
je 1 Msp. Muskat, Pfeffer, Ingwer, Piment und brauner Zucker

SO GEHT'S
- Fleisch, Bauch und Kartoffeln weich kochen, zweimal wolfen
- Zwiebeln mit den Kräutern in der Butter andünsten
- alles mischen, abfüllen und pro cm Durchmesser 12 Minuten bei 90 °C garen

BAUERNSCHMAUS
gute Hausmannskost

500 g Schweinebauch
250 g mageres Schweinefleisch
250 g Bauernbrot
1 Tasse Gemüsebrühe
je 2 EL Crème fraîche, Zwiebeln, Sellerie und Möhren in Würfeln, Lauch in Röllchen
je 1 EL Salz, Korn und Zitronensaft
je 1 TL Honig und Zitronenschale
je 1 TL weißer Pfeffer, Majoran und Muskat
je 1 Msp. Zimt, Piment, Macis, Bohnenkraut und Tomatenmark

SO GEHT'S
- Fleisch, Bauch und Gemüse weich kochen, Brot im Sud einweichen
- alles mischen, wolfen
- abfüllen und pro cm Durchmesser 12 Minuten bei 90 °C garen

MEIN TIPP:
Ersetzen Sie das Brot durch gekochte Kartoffeln – schon wird aus dieser Brotwurst eine Kartoffelwurst.

KLEINE SIEDE-GRAMMATIK
Das Wort „gesotten" kommt vom Verb „sieden", was „kochen" bedeutet. Wer deutsch als Fremdsprache lernt, verzweifelt an Verben wie diesem, denn er muss zwei Verbformen lernen. Die schwache: sieden, siedete, gesiedet und die starke: sieden, sott, gesotten. Beides geht. Gesottene Wurst ist also Kochwurst. Grammatikalisch (aber nur da!) ist's beim Backen ähnlich: Der Metzger backte bzw. buk den Wurstteig. Es ward bzw. wurde halt keine Wurst, sondern eine Terrine daraus. Der Metzger erbleichte und verblich.

Pasteten und Terrinen: alles gut in Form

Leckeres aus Formen: das sind Pasteten und Terrinen. Der Unterschied zwischen einer Pastete und einer Terrine liegt in der „Kleidung": Alles, was einen Teigmantel hat, ist eine Pastete. Eine Terrine hingegen präsentiert sich pur und unverhüllt. Umgekehrt klappt es auch: Stecken Sie eine Terrine in einen Teig, wird eine Pastete daraus. Ob Sie dazu einen Pastetenteig verwenden, einen Blätterteig oder einen salzigen Mürbteig, liegt ganz an Ihnen!

Alle Fleischsorten eignen sich für Pasteten oder Terrinen, egal, ob Schwein, Geflügel, Reh oder Hase. Da Wild und Wildgeflügel aber besonders fein sind, wird auch ihr Fleisch gerne sorgsam und fein verarbeitet. Bekannt ist die Gänseleberpastete. Aber kennen Sie auch eine Fasanenterrine?

FASANENTERRINE
mit Datteln und Pistazien

1 Fasan küchenfertig
150 g Schweinebauch
150 g Geflügelleber
je 4 EL Weinbrand und Zwiebeln
125 ml trockener Weißwein
2 EL Butter
1 Brötchen
1 Ei
je 1 TL Salz und Pfefferschrot
200 g Schlagsahne eiskalt
1 Handvoll Pistazien
6–8 getrocknete Datteln
je 1 Msp. Bohnenkraut, Piment, Koriander, Macis
je ½ TL Thymian, Zimt und Zucker
1 Bund Petersilie

SO GEHT'S
- Fasan, Brötchen, Leber, Bauch, Salz und Weißwein im Dampftopf 20–30 Minuten weichgaren
- abkühlen lassen, Brüste auslösen und zur Seite stellen; restliches Fleisch und Haut ablösen
- Fettpfanne des Backofens zu zwei Dritteln mit Wasser füllen und in die mittlere Schiene schieben
- Ofen auf 130 °C vorheizen
- Zwiebeln und Petersilie grob hacken, in der Butter andünsten, mit Weinbrand ablöschen, pfeffern
- 5 Minuten köcheln lassen
- alle Zutaten außer Brüste, Pistazien und Datteln fein pürieren
- Pistazien fein hacken, Brüste und Datteln würfeln, alles unterheben
- Masse in eine gefettete Terrinenform füllen
- Terrine mit Deckel oder Alufolie abdecken
- ca. 1 Stunde ins heiße Wasserbad stellen
- abkühlen lassen, aus der Form nehmen
- in Alufolie gewickelt für 24 Stunden in den Kühlschrank stellen

Vom Feinsten: Fasanenterrine mit Datteln und Weißwein.

Hausfrauentrick

Eine Terrine ist mit verhältnismäßig viel Arbeit verbunden – aber wer gleich die doppelte Menge macht, hat nicht die doppelte Arbeit. Aber hinterher den doppelten Genuss.
So haben Sie länger etwas von Ihren Pasteten:
- doppelte Menge zubereiten
- Hälfte der Masse in Gläser abfüllen, verschließen und auf dem Backblech pro cm Durchmesser 10 Minuten bei 110 °C garen
- abkühlen lassen, kalt stellen.
- Haltbarkeit: ca. 6 Monate.

Mein Tipp:

Auberginen-Paprikagemüse, Brot und Sauce Choron (Seite 132) unterstreichen den Geschmack dieser Pastete.

TERRINA RUSTICA
Eier, Tomaten, Fleisch – eine solide Verbindung

800 g gemischtes Hack
6 Scheiben Bacon
4 EL Zwiebelwürfel
1 EL Knoblauch zerdrückt
4 EL Olivenöl
½ Bund Thymian
1 Bund Petersilie
3 hart gekochte Eier
1 Ei
4 EL getrocknete Tomaten in Öl
je 1 TL Paprikapulver edelsüß, Pfefferschrot und Salz
2 EL Portwein
je 1 Msp. Piment, Schabzigerklee, Kümmel und Chiliflocken
Salz und Pfeffer

So geht's
- Backofen auf 180 °C vorheizen
- Zwiebeln, Knoblauch, Thymian, Petersilie und Tomaten in Öl andünsten
- Masse mit Hack, Portwein und einem rohen Ei vermischen, gut durchkneten
- mit den Gewürzen abschmecken
- Terrinenform mit dem Bacon auslegen
- die Hälfte der Fleischmasse darauf verteilen, die harten Eier gepellt einlegen, restliche Masse darüber verteilen
- Terrine in die zu zwei Dritteln mit Wasser gefüllte Fettpfanne stellen und etwa eine Stunde garen
- über Nacht abkühlen lassen

Eine Terrine mit Sherry und Pistazien ist besonders edel.

Pistazien-Sherry-Terrine
für besondere Stunden und besondere Gäste

100 g Butter
500 g möglichst frische Leber
4 EL Schalotten gewürfelt
2 Knoblauchzehen
1 Lorbeerblatt
2 Nelken
4–5 Wacholderbeeren
je 1 TL Pfefferkörner und frischer Majoran (gehackt)
100 g Sherry
1 EL weißer Balsamicoessig
1 säuerlicher Apfel gerieben
je 1 Msp. brauner Zucker, Zimt
200 g Schlagsahne
70 g Pistazien
4–5 Blatt weiße Gelatine
Salz

So geht's
- Gelatine nach Vorschrift einweichen
- Schalotten, zerquetschte Knoblauchzehen und Leber in der Butter anbraten
- Gewürze im Gewürzsieb dazugeben
- Apfel dünsten, alles mit Sherry und Essig ablöschen
- Gewürzsieb herausnehmen, Gelatine ausdrücken und einrühren
- Masse etwas abkühlen lassen, pürieren, Pistazien hinzufügen
- abschmecken, kalt stellen
- Schlagsahne steif schlagen und untermischen
- über Nacht im Kühlschrank fest werden lassen

Mein Tipp:
Zu dieser edlen Terrine passen viele Gerichte, zum Beispiel Kürbis- oder Möhren-Ingwer-Cremesüppchen mit Toastbrot und Apfelchutney. Oder Feldsalat mit Balsamicodressing. Oder Baguette und Apfel-Trauben-Gelée …

Terrine de Grenade
eine aufregende Komposition

1 Scheibe dunkles Toastbrot
2 Eier
100 ml Milch
4 EL gehackte Mandeln
6 Thymianzweige
2 Rosmarinzweige
1 kg gemischtes Hack
4 EL schwarze Oliven in Scheiben ohne Stein
2 EL grüner Pfeffer aus dem Glas
1 Knoblauchzehe zerdrückt
4 EL Portwein rot
6 Scheiben Bacon (zum Auslegen der Form)
je 1 TL Honig, Limettenschale und -saft
4 EL Granatapfelkerne
je 1 Msp. Sumach, Zitronenpfeffer, Macis, Piment und Koriander

So geht's
- Hack möglichst fein pürieren
- Thymian und Rosmarin abzupfen, fein wiegen
- Brot fein würfeln, mit Eiern und Milch verrühren
- mit den Kräutern und den Granatapfelkernen mischen
- Terrinenform mit dem Bacon auslegen
- alles mischen und mindestens 5 Minuten kräftig durchkneten
- Masse in Terrinenform füllen, Bacon über die Masse klappen, Deckel aufsetzen
- Fettpfanne im Backofen zu zwei Dritteln mit Wasser auffüllen, Terrine einsetzen
- bei 220 °C ca. 1 Stunde garen (keine Umluft)

Mein Tipp:
Grüner Salat, Bauernbrot und kräftiger Rotwein passt ebenso dazu wie Kartoffelgratin mit Burgundersauce oder Pilzrisotto mit Limettencreme (Seite 132).

Terrine im Pastetenteig
Eine Pastete versteckt, was in ihr steckt. Die leckere Füllung umhüllt ein Teigmantel. Was Sie in der Hülle haben wollen, kommt ganz auf Sie an. Selbst die Terrinen dieses Buchs können Sie in einem Teigmantel verstecken und es wird eine leckere Pastete daraus.
Probieren Sie's einfach aus! Am einfachsten mit diesem Teig: 500 g Mehl, 250 g kalte Butter, 2 Eier, 2 Eigelb, 2 EL kaltes Wasser und 1 TL Salz zusammenkneten, fertig!

Von Leberwurst bis Schmalz 111

MOUSSE CHRISTIANE
Geflügellebermousse mit hohem Suchtfaktor

je 200 g Butter und Geflügelleber
2 Schalotten
6 Zweige Thymian
3 EL trockener Rotwein
4 EL Orangensaft
1 TL Orangenschale
100 ml Schlagsahne
1 Ei
Salz und Pfeffer

SO GEHT'S
- Butter im Topf einmal aufkochen lassen, zur Seite stellen
- Schalotten würfeln, Thymian abzupfen, mit der Orangenschale in etwas Butter (aus den Topf) andünsten
- Leber grob würfeln und 5 Minuten mitdünsten
- mit Wein und Orangensaft ablöschen, mit Salz und Pfeffer abschmecken
- Mischung sehr fein pürieren
- nach und nach Butter, Schlagsahne und das Ei untermischen
- Masse in eine mit Frischhaltefolie ausgelegte Terrinenform gießen
- im heißen Wasserbad bei 150 °C (Umluft 130 °C) ca. 35–40 min vorsichtig garen
- Form aus dem Wasser nehmen, über Nacht kühl stellen

ENTE ORANGE
Pastete vom Feinsten

1 Paket Tiefkühl-Blätterteig
2 Entenbrustfilets
200 g Hühnchenbrust
je 2 EL Schalotten, Petersilie und Pistazienkerne
je 3–4 EL Semmelbrösel
je 3 EL Schmand und Orangenlikör
je 1 EL abgeriebene Orangenschale und Olivenöl
½ Tasse Milch
Salz, Pfefferschrot

SO GEHT'S
- Blätterteig antauen lassen, auf der Arbeitsfläche einzelne Teile zur einer großen Platte verbinden und ausrollen
- Fleischstücke längs teilen, eine Hälfte davon in Würfel schneiden
- Fleischwürfel, Schalotten und Petersilie mit dem Zauberstab pürieren
- alle Zutaten (außer den restlichen Fleischstreifen) mischen, abschmecken
- Masse auf ein Drittel der Blätterteigfläche streichen
- Fleischstreifen drauflegen, Teig zusammenrollen, festdrücken und auf ein mit Backpapier belegtes Blech setzen
- zwei kleine Luftlöcher ausstechen
- Pastete mit Milch bestreichen, dann bei 180 °C ca. 30–40 Minuten im vorgeheizten Backofen backen.

MEIN TIPP:
Apfel-Walnuss-Salat mit frischem Brot oder ein Möhren-Orangensüppchen mit Schmandbrot schmecken sehr gut dazu.

Aspik versus Sülzen?

Aspik oder Sülze? Ja, was denn nun? Die Definition ist ganz einfach: Aspik ist das Gelée selbst und Sülze ist etwas in Gelée – also in Aspik – Eingelegtes. Anders ausgedrückt: Alles, was in Aspik eingelegt ist, ist eine Sülze. Damit werden Gemüse, Früchte oder Fisch in Aspik zu Gemüse-, Früchte- oder Fischsülzen. Alles klar?

Sülzen mit Gelatine oder Aspikpulver herzustellen ist denkbar einfach: Man nimmt die gewünschten Einlagen, drapiert sie hübsch in eine Form, löst Gelatine oder Aspikpulver in heißer, gut gewürzter Flüssigkeit auf und gießt die Mischung darüber. Wenn alles kalt und fest geworden ist, ist die Sülze fertig. Probieren Sie es selbst aus!

Für ein „echtes" Aspik werden Schweineohren, Füße, Schwarten und Ähnliches ausgekocht, um eine gelierfähige Brühe zu erhalten. Dazu 1 l Wasser mit Zwiebeln, Lorbeerblättern, Nelken, Pfefferkörnern und eventuell Suppengrün aufsetzen. 1 kg Fleisch einlegen und eine Stunde lang simmern lassen. Die Brühe durch ein Tuch abgießen, kräftig mit Salz, Kräutern und etwas Essig abschmecken. Fertig ist das Aspik.

ESSBARE BLÜTEN UND BEEREN

Egal, ob es sich um Wild- oder Gartenpflanzen handelt, viele Blüten und Beeren können Sie unbedenklich für Ihre wurstigen Experimente einsetzen. Hier einige Ideen:
- Calendulablüten – leicht süß-würzig
- Dahlienblüten – säuerlich-würzig
- Gänseblümchenblüten – leicht nussig
- Hibiskusblüten – leicht sauer
- Kapuzinerkresseblüten und -blätter – scharf-würzig
- Kornblumenblüten – zart bitter
- Kornelkirschen – säuerlich
- Lavendelblüten – kräftig herb-bitter
- Löwenzahnblüten und -blätter – nussige Note
- Mahonienfrüchte – sauer, vitaminreich
- Malvenblüten – herzhaft-aromatisch
- Maulbeeren – süß

Gartenfrische Schönheiten für die Sülze: Calendula und Kornblumen.

Sommer in Aspik
die ganze Fülle des Gartens

4 Lammfilets
1 l trockener, leichter Weißwein
½ l Wasser
1 TL Butter
je 1 Bund Pimpinelle und glatte Petersilie
2 Stängel Stangensellerie
2 junge Möhren
1 Msp. frische Lavendelblüten
1 Schalotte
je 1 TL Zitronensaft und Blütenhonig
je 1 Msp. Zitronenpfeffer, Thymian und Macis
8 Blatt weiße Gelatine
Salz

So geht's
- Lammfilets fein würfeln, in Butter anbraten, salzen und pfeffern
- Kräuter abzupfen und fein wiegen, Sellerie und Schalotte in kleine Würfelchen schneiden
- Möhren putzen und fein würfeln
- Gemüse in etwas Öl andünsten, mit Wasser und Wein ablöschen
- Blüten dazugeben, aufkochen lassen, Mischung 3 Minuten vor sich hin simmern lassen
- Gelatine in kaltem Wasser einweichen, dann im heißen Weinsud auflösen
- alle Zutaten zusammenmischen und in kleine Förmchen gießen
- kalt stellen, zum Servieren stürzen

Mein Tipp:
Wer kein Lamm mag, kann einfach Hühnchenbrustfilets in die Förmchen geben, das schmeckt auch sehr lecker. Wenn Kinder mitessen, sollten Sie den Wein durch Brühe ersetzen. Die säuern Sie am besten mit etwas Zitronensaft. Selbst gemachte Kartoffelchips mit Limettencreme (Seite 132) passen gut dazu.

Ernestines Schweinskäse
Saarländische Sülzwurst

900 g Eisbein gepökelt
100 g Schweinbacke
1 Bund Suppengrün ganz fein gewürfelt
1 TL Olivenöl
½ Becher Schlagsahne
je 2 EL Zwiebeln und Petersilie, jeweils fein gehackt
je ½ TL schwarzer Pfeffer, Koriander, Piment, Macis und Kardamom

So geht's
- Eisbein und Schweinebacken mit den Gewürzen und Wasser (gerade bedeckt) aufsetzen und weich kochen
- Fleisch vom Knochen lösen, abtropfende Brühe auffangen, Brühe und Fleisch zusammen wolfen
- Gemüse in Olivenöl andünsten, mit Sahne und dem Fleisch mischen
- Masse kurz aufkochen
- abfüllen, fest werden lassen
- zum Servieren den Schweinskäse einfach stürzen

Mein Tipp:
Mit Remoulade (Seite 131) frischem Bauernbrot und sauren Gurken servieren. Oder mit Bratkartoffeln, Senf und Meerrettichquark.

Tellerklappern
Sülze leicht und lecker

1 Ei
1 Möhre
3 Gewürzgurken
100 ml Gewürzgurkensud
1 Frühlingszwiebel
5 Blatt weiße Gelatine
400 ml Gemüsebrühe
1 TL Senf
je 1 EL weißer Balsamicoessig und Sherry
5 Stängel glatte Petersilie fein gewiegt
10 Scheiben Kasseler (Aufschnitt)
Salz und Pfeffer

So geht's
- Ei hart kochen, pellen und würfeln
- Möhre reiben, Kasseler fein schneiden
- Gürkchen in Scheiben, Frühlingszwiebel in feine Ringe schneiden
- Gelatine in kaltem Wasser einweichen
- Brühe, Sud, Essig und Sherry aufkochen, Senf und ausgedrückte Gelatine einrühren, bis alles aufgelöst ist
- Sud kräftig abschmecken
- alle weiteren Zutaten dazugeben
- in Teller schöpfen, über Nacht kalt stellen

Der blumige Kick in der Kalbssülze: Lavendelblüten.

Apricot Dream
Kalbssülze mit Aprikosen und Lavendelblüten

500 g Aprikosen
500 g Kalbfleisch
50 ml Aprikosensaft
1 l trockener Weißwein
1 l Gemüsebrühe
2 EL brauner Zucker
2 EL Aprikosenschnaps
1 Zweig Rosmarin
2 TL Lavendelblüten
10 Blatt Gelatine
Salz und Pfeffer

So geht's
- Saft, Wasser, Weißwein, Zucker und 1 TL Lavendel zusammengießen, über Nacht kalt stellen, aufkochen
- Kalbfleisch darin weich kochen
- währenddessen frische Aprikosen auf ein Blech geben und mit Zucker, Rosmarin und 1 TL Lavendel bestreuen, 20 Minuten backen, kalt werden lassen, Schalen abziehen, klein schneiden
- Fleisch aus dem Sud herausnehmen, in 1 cm große Würfel schneiden
- Sud durch ein Sieb gießen (auffangen), Gelatine in kaltem Wasser auflösen, ausdrücken, dann im heißen Sud auflösen
- zum Sud Schnaps geben und kräftig mit Salz und Pfeffer abschmecken
- Schalen pürieren und durch ein Sieb streichen, in die Masse mischen
- Fleisch und Aprikosen in eine Terrine legen, noch warmen Sud dazugießen, alles mischen, 24 Stunden kalt stellen

Roter Burgunder ist die besondere Note der Burgundersülze.

Gelée de Bourgogne
Sülze mit einem ordentlichen Schuss Burgunder

400 g Rinderbraten gebraten
je 4 EL gehackte Zwiebeln und Petersilie
1 TL Butter
je 4 EL getrocknete dunkle Beeren und in Scheibchen geschnittene Pilze
je 200 ml roter Burgunder und Rinderbrühe
je 1 Msp. Muskat, Kardamom, Piment, Macis und brauner Zucker
6 Blatt rote Gelatine
je ein Spritzer Tabasco und Worchestershire-Sauce
2 EL Tomatenmark
Öl zum Einfetten
Salz und Pfeffer

So geht's
- Fleisch in 1 cm große Würfel schneiden
- Zwiebeln, Petersilie, Preiselbeeren und Pilze in Butter andünsten, mit Wein und Brühe ablöschen
- Tomatenmark einrühren
- Gelatine nach Vorschrift einweichen, ausdrücken und im Rotweinsud auflösen
- Fleischstückchen dazugeben, abschmecken
- Förmchen einfetten und Fleischmasse auffüllen
- über Nacht kalt stellen

Mein Tipp:
Diese leckere Sülze passt gut zu Bratkartoffeln, Cumberlandsauce und Salat, oder zu Kartoffel-Rosenkohlgratin, Knoblauchpaste oder Kapernmayonnaise und ganz schlicht zu Weißbrot, Camembert und Preiselbeer-Gelée.

Mousse de jambon
zergeht auf der Zunge

250 g gekochter Schinken in Streifchen
je 5 EL Kapern püriert und Sherry Medium
3 Becher Schmand
150 g getrocknete Tomaten (in Öl) klein gehackt
2 EL Öl (aus dem Tomatenglas)
1 TL Thymian
1 Knoblauchzehe zerdrückt
250 g Frischkäse Natur
2 EL Schalottenwürfel
100 g Schlagsahne
je 1 EL Paprika edelsüß und rosenscharf, Meersalz und Pfeffer
8 Blatt weiße Gelatine
4 EL frisch gehackte grüne Kräuter (am nächsten Tag)

So geht's
- 1 Becher Schmand, Schinken, Sherry und Kapern mischen, pürieren
- 1 Becher Schmand, Tomaten, Knoblauch, Essig mischen, pürieren
- 1 Becher Schmand, Frischkäse, Schalotten und Gewürze mischen
- Gelatine in kaltem Wasser einweichen, in etwas heiß gemachter Schlagsahne auflösen und unter die Frischkäsemasse rühren
- restliche Schlagsahne steif schlagen und unterziehen
- Frischkäse-Gelatinemasse halbieren, Hälfte unter die Schinkenmasse, die andere Hälfte unter die Tomatenmasse mischen
- Terrinenform mit Frischhaltefolie auslegen
- zuerst die Tomatenmischung, dann die Schinkenmischung einfüllen
- über Nacht kalt stellen, zum Servieren mit den grünen Kräutern bestreuen

Mein Tipp:
Frische Gemüsesticks, Walnussbrot und Rotwein machen daraus ein delikates Mahl.

Corned Beef
irischer Festschmaus am St. Patrick's Day

1 kg Rindfleisch (zum Beispiel Brust)
süß abgeschmeckte Pökellake
1 Bund Suppengrün

So geht's
- Fleisch pökeln, dann in Streifen schneiden
- 1–2 Tage abtrocknen lassen, dann mehrmals kalt räuchern
- Hälfte der Streifen würfeln, andere mit den Fingern faserig zupfen
- alles mit einem Sud aus Suppengrün (extra in einem Sieb mitgekocht) aufkochen
- Suppengrün entfernen, Fleisch heiß abfüllen (traditionell: eckige Behälter), mit Sud auffüllen, gut verschließen
- pro cm Durchmesser 10 Minuten bei 90 °C garen

Irisch mal ganz anders
Auch andere Fleischsorten sind für die „Corned-Zubereitungsart" geeignet. Wie wär's mal mit Corned Wild? Oder Swabian Corned mit Schäufele?
Die Herstellung eines Corned Beef ist etwas einfacher, wenn Sie bereits fertig gepökeltes und geräuchertes Rindfleisch verwenden. Dann müssen Sie allerdings noch Schweineschwarten oder -ohren mitkochen oder dem Sud Aspikpulver beimischen, damit es geliert.

Schmalziges

Leckereien mit Schmalz sind nicht gerade leichte Kost – aber unschlagbar gut! Die verschiedenen Sorten wie Grieben-, Flomen- oder Gänseschmalz unterscheiden sich in Zutaten, Farbe, Konsistenz und Geschmack.

So ist Flomenschmalz beispielsweise eine besonders feine Schmalzsorte aus Bauchwandfett vom Schwein. Griebenschmalz wird aus Flomen, Schweinerückenspeck und/oder Gänsefett hergestellt und enthält Speckteile, die *Grieben* oder *Grammeln*. Besonders gut schmeckt dieses Schmalz ausgelassen mit Zwiebeln oder feinen Kräutern. Butterschmalz wird aus Butter (also Milch) hergestellt, veganes Schmalz ist eine Art Griebenschmalz auf Pflanzenfettbasis. Dazu kommen Schmalzsorten mit hohem Fleischanteil.

Confit, in Frankreich beinah so etwas wie ein Nationalgericht, ist gekochtes und leicht gepökeltes Fleisch, meist von Geflügel oder Schwein. Dazu werden die Fleisch- und Fettstücke bei milder Hitze stundenlang gegart, danach abwechselnd in einen Steintopf geschichtet und mit dem eigenen Schmalz bedeckt. Das sehr aromatische Confit ist kühl gelagert monatelang haltbar. Die ebenfalls französischen *Rillettes*, ein köstlicher Brotaufstrich, werden ähnlich zubereitet.

Pottsusen sind die deutsche Variante der Rillettes aus durchwachsenem Schweinefleisch und fettem Speck, Kräutern und Gewürzen. Alles zusammen wird so lange gegart, bis das Fleisch zu Fasern zerfällt. Die fertige Masse wird noch heiß in Gläser gefüllt. Pottsusen sind über mehrere Jahre haltbar.

Bekannt ist hierzulande auch *Schmalzfleisch*: Fetter Schweinebauch wird mit Gewürzen und Schweineschmalz ausgelassen, das Fleisch anschließend gewolft und mit dem Schmalz vermischt in Gläser abgefüllt.

DER REST VOM FEST
Haben Sie noch Geflügel-, Kaninchen oder Rehbraten übrig? Einfach zu Rillettes verarbeiten:
- restliches Fleisch im eigenen Fett beziehungsweise in Flomenschmalz (Verhältnis Fleisch zu Flomen 1:1) und etwas Gemüsebrühe mehrere Stunden kochen, bis das Fleisch ganz feinfaserig zerfallen ist
- nach Belieben Zwiebeln, Äpfel, Backpflaumen oder Ähnliches mitkochen
- größere Teile gegebenenfalls grob hacken
- die Masse inklusive Fett in Gläser füllen, erkalten lassen, mit einer Fettschicht bedecken
- etwa 2 Monate haltbar

Pottsuse im Sonntagsstaat: mit Geflügel, Möhrenraspeln, Zitronenschale und gerebeltem Bärlauch.

Pottsuse
zu schade, um nur Harzer Spezialität zu sein

400 g Schweinefleisch mager, gehackt oder fein gewürfelt
300 g Schweinebauchwürfel
50 g Schweineschmalz
1 Lorbeerblatt
je 1 Msp. Piment, Macis, Kümmel und Pfeffer
je ½ TL gekörnte Gemüsebrühe und brauner Zucker
1–2 Spritzer Worchestershire-Sauce
je 2 EL Zwiebelwürfel und Weinbrand
Salz

So geht's
- Zwiebeln in einem großen Topf in etwas Schmalz andünsten, restliche Zutaten dazugeben (bis auf das restliche Schmalz), mit Wasser auffüllen, dass alles gerade bedeckt ist
- kochen lassen, bis das Wasser so gut wie verdampft ist, dabei häufiger umrühren
- restliches Schmalz dazugeben, einige Minuten mitkochen lassen, mit Salz abschmecken
- Lorbeerblätter rausnehmen, dann Masse heiß in Gläser abfüllen, fest verschließen

Krosses Schmalz: mit Cornflakes, Äpfeln, Cranberrys und Röstzwiebeln.

Feine Susen

Hier können Sie sich gründlich austoben! Probieren Sie, was Ihnen unter die Finger kommt. Denken Sie kreuz und quer! Lassen Sie für weitere Ideen den Kümmel weg und ersetzen Sie das Schweinefleisch und den Weinbrand durch

- Lamm und Calvados mit Wacholderbeerenschrot, Pilzen, Majoran und geriebenen Äpfeln
- Hirsch und Amaretto mit getrockneten schwarzen Johannisbeeren, Zimt, Orangenblüten und Haselnuss-Splittern
- Ziege und Grappa mit gerösteten Pinienkernen, einem Hauch Knoblauch, frischem Salbei und Steinpilzen
- Kaninchen und Cointreau mit Aprikosenstückchen, Sellerieraspeln, Vanillemark, Orangenschale und Petersilie
- Fasan und Roséwein mit Preiselbeeren, Birne gerieben, Zitronenschale und Mandelsplitter
- Pute und Prosecco mit Basilikum, Parmesanwürfelchen, frischem Knoblauch und getrockneten Tomaten
- Gans und Madeira mit Feigen, Walnuss-Splittern, Limettenschale und Thymian
- Hühnchen und Noilly Prat: mit Curry, eingelegten Mandarinen, Möhren geraspelt und Kreuzkümmel
- Kalb und Weißwein mit frischem Estragon, etwas Engelwurz, gekochtem Eidotter, Champignons und Limettenschale
- Rind und Rotwein mit Chilischoten, Petersilienwurzel, Cayennepfeffer und dicken roten Bohnen
- Ente und Sherry mit Backobst, Pastinake gerieben, Vanillemark und Thymian
- Wildschwein und Portwein mit Brombeeren, Bärlauch, Walnuss-Splittern und Cafe-de-Paris-Gewürz.

Ungeöffnet und kühl sind die Susen bis zu einem Jahr haltbar.

Knuspergänseschmalz
so kommt Schmalz leicht und locker daher

250 g Gänseschmalz
250 g Flomen ohne Haut
je 1 TL Majoran, Pfeffer, Thymian und Piment
je 1 Msp. Zimt, Salz und brauner Zucker
je 1 EL Röstzwiebeln, Äpfel gerieben, Cornflakes, getrocknete Cranberrys und Haselnuss-Splitter

So geht's
- Flomen grob zerkleinern und bei niedriger Hitze auslassen
- alles dazugeben, einige Minuten mitbraten
- abfüllen und kalt stellen

Mein Tipp:
Statt Cornflakes können Sie auch 2 EL Knuspermüsli untermischen.

VANILLA-KIRSCH
Gänseschmalz mit geschmacklichem Aha-Erlebnis

500 g Gänsefett
120 g Schweineschmalz
2 Lorbeerblätter
je 1 TL schwarzer Pfefferschrot und Thymian
1 Schalotte fein gewürfelt
2 EL Sauerkirschen aus dem Glas, klein gewürfelt
Mark einer Vanilleschote
Salz

So geht's
- Fette in einen Topf erwärmen, bis sie geschmolzen sind
- Lorbeerblätter und Pfefferkörner klein gemörsert dazugeben
- Thymian und Schalotten in wenig Schmalz kross anbraten, ebenfalls dazugeben, abschmecken
- alle Zutaten mischen, in Gläser abfüllen und fest werden lassen
- kühl stellen

FLOMEN EST OMEN
feiner Schmalz mit Äpfeln und Zwiebeln

1 kg Schweineflomen
2 Schalotten fein gewürfelt
1 Knoblauch fein zerdrückt
2–3 säuerliche Äpfel gerieben
1 TL Majoran
je 1 Msp. Macis, Pfefferschrot, Piment und Schabzigerklee
Salz

So geht's
- Flomen fein zerkleinert bei niedriger Hitze auslassen (1–2 Eierbecher voll Wasser in einen Topf geben, Flomen dazugeben und nicht braun werden lassen)
- Fett abgießen (dabei auffangen), Flomen im Topf lassen
- Äpfel, Schalotten, Knoblauch und Gewürze dazugeben, 20 Minuten sanft simmern lassen, immer mal umrühren, abschmecken
- Mischung zum ausgelassenen Fett geben, gut umrühren, abfüllen und kalt stellen

Mein Tipp:
Zu einem rustikalen Vesper passt dieses Schmalz, dazu dunkles Brot, Käseplatte, Krautsalat und ein Weizenbier.

SCHMALZ CAPRI
Schmalz auf italienisch

250 g Flomen
250 g Schweinebauch
1 Schalotte fein gewürfelt
1 Knoblauch fein zerdrückt
4 EL getrocknete Tomaten in Streifen geschnitten
4 Salbeiblätter fein gehackt
je 1 TL Oregano, Pfefferschrot und Tomatenmark
je 1 Msp. Macis, Pfeffer, Piment, Majoran, Honig und Thymian
Salz

So geht's
- Flomen und Schweinebauch zerkleinern, wolfen
- Masse bei niedriger Hitze auslassen
- Fett abgießen (auffangen), Flomen und Bauchstückchen im Topf lassen
- alle weiteren Zutaten dazugeben, einige Minuten sanft simmern lassen, immer mal umrühren, abschmecken
- Mischung zum ausgelassenen Fett geben, gut umrühren, in einen Steinguttiegel abfüllen und kalt stellen

Mein Tipp:
Dieses Schmalz italienischer Art schmeckt besonders lecker mit Ciabatta, einem trockenen Barolo, Tomatenrelish (Seite 130) und Pilzgröschtl.

Sanddorn gibt dem Schmalz eine fruchtig-säuerliche Note.

KÜSTENGLÜCK
mit Krabben, Sanddorn und Kräutersalz

je 500 g Schweineschulter
und Schweinebauch
80 g Schweineschmalz
2 Schalotten in Würfeln
6 EL Krabben
je 1 TL gekörnte Brühe und
Kräutersalz
2 EL getrocknete Sanddornbeeren
1 TL Thymian
je ½ TL Pfeffer, Paprika
edelsüß, Macis, Piment, Zimt
und Ingwer
Salz

So geht's
- Brühe in Wasser auflösen, Bauch darin garen
- Brühe bis auf etwa ½ Tasse abgießen, Bauch wolfen
- Schulter würfeln, mit den Schalotten und den Sanddornbeeren im Schmalz kross anbraten, mit der restlichen Brühe ablöschen, abschmecken
- alles mischen, in Gläser abfüllen und fest werden lassen
- kühl stellen

SCHMATCHEN
Schmalz und Früchtchen werden zum … Schmatchen

2 Schalotten fein gewürfelt
200 g Gänseschmalz
50 g Schweineschmalz
100 g getrocknete Früchte wie Pflaume, Aprikose, Apfel, jeweils fein geschnitten
½ Zweig Beifuß klein gehackt
je 1 Msp. Zimt, Vanillezucker, Macis, Kardamom
je 1 EL Majoran und glatte Petersilie
Salz und Pfeffer

So geht's
- Schalotten, Schmalz und Beifuß in einen Topf geben, erwärmen, 2 Minuten kochen
- Früchte dazugeben, weitere 2 Minuten kochen
- Kräuter und Gewürze zum Schmalz geben, mit Salz und Pfeffer abschmecken
- in Gläser abfüllen, kalt stellen

Extra-Schmankerl: Braten auf Raten

Bratenaufschnitt ist nichts anderes als ein feiner Braten in brotauflagentaugliche Scheiben geschnitten. So haben Sie zweimal etwas davon: mittags warm und abends kalt ... eben Braten auf Raten!

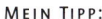

Bis der Braten allerdings soweit ist, muss er, ja genau!, braten und erkalten.
Zum Bratenaufschnitt zählt der klassische Braten von allerlei Getier und in allen möglichen Variationen – egal ob gebeizt, geräuchert, gefüllt oder gerollt. Ebenso gehören dazu Roastbeef, Kasseler und Hackbraten.

ARROSTO ITALIANA
rot-grüne Leckerei

1 kg Schweinerollbraten im Netz
je 100 g grünes und rotes Pesto
je 4 Knoblauchzehen und frische Zweige Thymian
je 1 EL Meersalz und Pfefferschrot
2 EL Olivenöl

SO GEHT'S
- Braten aus dem Netz nehmen, auseinander rollen
- kräftig innen und außen mit Salz und Pfeffer würzen
- Innenseiten hälftig jeweils mit den Pesto-Saucen bestreichen
- Braten fest zusammenrollen, mit Küchengarn umschnüren
- Thymian und Rosmarinnadeln über den Braten streuen
- Öl erhitzen, Braten rundherum goldbraun anbraten
- Backofen auf 150 °C (Umluft) oder 170 °C vorheizen
- Braten darin 1 Stunde garen
- Braten rausnehmen, in Alufolie wickeln und mindestens 15 Minuten ruhen lassen, dann kalt stellen

MEIN TIPP:
Lecker mit Nussbrot, Antipasti und grünem Salat mit Balsamicodressing. Warm schmeckt der Braten mit Tomaten-Gnocchi oder Risotto.

Vielleicht Erinnerungen an den letzten Urlaub: Braten di stile italiano.

Partykracher ganz einfach gemacht: Kasselercreme.

Kasseler
der deftige Klassiker

1,5 kg sehr mageres Schweinefleisch
1,5 l Wasser

Pökelmischung:
100 g Salz
2 EL Zucker
1 Msp. Salpeter
je 2 Nelken, Lorbeerblätter zerdrückt, Wacholderbeeren und Pimentkörner
1 TL Pfeffer

So geht's
- Fleisch kräftig mit der Mischung einreiben, 24 Stunden vakuumpökeln (Seite 32)
- Wasser abkochen
- Fleisch in ein Gefäß legen, kochendes Wasser darüber gießen, 8 Tage ziehen lassen, dann Fleisch 24 Stunden durchbrennen lassen
- kalt räuchern

Kasselercreme
Wenn Sie eine schnelle Creme für Ihr Party-Buffet brauchen, ist diese ideal:
Zutaten: 250 g Kasseleraufschnitt, 100 g Schmand oder Crème frâiche, 200 g Sahne-Frischkäse, 1 EL Sahne-Meerrettich, 1 Bd. Schnittlauch, Salz und Pfeffer
- Kasseler in feine Streifen, Schnittlauch in Röllchen schneiden
- alle Zutaten (bis auf 1 EL Schnittlauch) mischen
- mit Salz und Pfeffer abschmecken
- mit dem Schnittlauch dekorieren

Mein Tipp: Mit 3 EL Sherry Medium wird die Creme noch leckerer!

Aufgewecktes Reh
mit Kaffeearoma erfrischt

600 g Rehrücken
je 2 EL Olivenöl und Kaffeebohnen grob gehackt
1 Schalotte in feinen Würfeln
je 1 TL Salz und Pfefferschrot

So geht's
- Öl erhitzen, Schalottenwürfel und Kaffeebohnen dazugeben
- Fleisch mit Salz einreiben, in die Pfanne geben und dann von allen Seiten kräftig anbraten
- Fleisch pfeffern, in Alufolie wickeln, im Backofen 35 Minuten bei 75 °C garen

Mein Tipp:
Dieser Braten schmeckt sehr lecker, probieren Sie's aus! Die etwas bitteren Kaffeebohnen geben ihm den letzten Pfiff.

Kräuterhirsch
wie Roastbeef, nur leckerer

600 g Hirschlende
4 EL Öl
2 EL Berg- oder Wildkräutermischung
Salz und Pfeffer

So geht's
- Öl und Kräuter mischen, Lende damit großzügig und gründlich einreiben, über Nacht in Folie wickeln und kalt stellen
- Backofen auf 200 °C (Umluft 180 °C) vorheizen
- Fleisch mit Öl einstreichen und kräftig mit Salz und Pfeffer einreiben
- auf den Rost legen, Fettpfanne darunter stellen, 20 Minuten backen
- Temperatur auf 150 °C (Umluft 130 °C) reduzieren und weitere 15 Minuten backen
- Fleisch aus dem Ofen nehmen, in Alufolie wickeln und 10 Minuten ruhen lassen, dann kalt stellen

Thymian-Roastbeef
Lieblingsbeef mit Kruste

1 kg Roastbeef
4 EL Öl
100 g Butter zimmerwarm
1 EL Dijonsenf
1 Eigelb
1 Bund Thymian
100 g helles Toastbrot
Salz und Pfeffer

So geht's
- Fleisch von allen Seiten in Öl anbraten
- Boden eines Bräters mit Alufolie auslegen, Fleisch darauf setzen
- Backofen auf 130 °C (Umluft 100 °C) vorheizen, Bräter auf die 2. Leiste schieben, Fleisch etwa 60 Minuten backen
- Butter schaumig rühren, Senf, Eigelb und abgezupfte Thymianblättchen dazugeben
- Brot mit dem Zauberstab hineinpürieren, Masse kräftig salzen und pfeffern
- nach 60 Minuten Fleisch aus dem Bräter nehmen, Thymianmasse auf dem Fleisch verteilen und andrücken
- 5 Minuten grillen

Roastbeef rosé
ganz und gar puristisch

1 kg Roastbeef
2 EL Öl
Salz und Pfeffer

So geht's
- Backofen auf 240 °C (Umluft 220 °C) vorheizen
- Fleisch mit dem Öl einstreichen und kräftig mit Salz und Pfeffer einreiben
- auf den Rost legen, Fettpfanne darunter stellen, 15 Minuten backen
- Temperatur auf 180 °C (Umluft 160 °C) reduzieren und weitere 15 Minuten backen
- Fleisch aus dem Ofen nehmen, in Alufolie wickeln und weitere 15 Minuten ruhen lassen

Kalbsbraten
die Grundlage des Vitello tonnato

600 g Kalbfleisch
je 1 Möhre, Zwiebel, Stange Sellerie und Lorbeerblatt
2 Gewürznelken
¾ l trockener Weißwein
1 TL Salz

So geht's
- Kalbfleisch über Nacht mit dem grob gewürfelten Gemüse und den Gewürzen im Weißwein marinieren
- zum Kochen so viel Wasser zufügen, dass das Fleisch knapp bedeckt ist
- 1 TL Salz dazugeben
- Fleisch 1 Stunde brühen bei ca. 85 °C, herausnehmen, kalt werden lassen, dann in dünne Scheiben schneiden

Vitello tonnato
„Gethunfischtes Kalbfleisch" heißt dieses bekannte Gericht aus Italien: Sie schneiden den kalten Kalbsbraten dünn auf, drapieren die Scheiben auf einen Teller und überziehen sie mit der Thunfischmayonnaise aus 1 Dose Thunfisch im Sud, 2 Sardellen, 2 Eigelb, 200 ml Olivenöl, 2 EL Kapern, 1 EL Zitronensaft, 2 EL Fleischbrühe, Salz und Pfeffer, evtl. 2 EL Schmand und Zitronenfilets.
- Sud vom Thunfisch abgießen (1–2 EL auffangen)
- Eigelb und Sud verrühren, langsam das Öl zugießen und dabei kräftig mischen
- Sardellen, 1 EL Kapern und Fleischbrühe in einen Mixer geben und pürieren
- alles mischen und mit Salz und Pfeffer abschmecken
- eventuell Schmand unterrühren
- mit den restlichen Kapern und Zitronenfilets garnieren

Mit diesen Zutaten wird aus einem hellen Braten ein Vitello tonnato.

Metzger Kümmerles Hackbraten
Hommage an den Besten der Besten

800 g gemischtes Hack
200 g Schlagsahne
1 Zwiebel fein gehackt
je 2 EL Petersilie, Salbei, Liebstöckel und Zitronenmelisse fein gehackt
4 EL Semmelbrösel
1 Ei
1 TL brauner Zucker
je 1 Msp. Nelken, Muskat und Koriander
je 1 EL Senf und Tomatenmark
2 EL eingelegte, grüne Pfefferkörner
1 TL Salz

So geht's
- alle Zutaten miteinander vermischen, zu einem Laib formen und in eine gefettete Form setzen
- im Ofen ca. 1 Stunde bei 200 °C backen, kalt werden lassen

Mein Tipp:
Statt grünen Pfeffers können Sie auch Nüsse, Backobst oder Gemüsestückchen verwenden, dann den Teig noch mit ca. ½ TL Pfeffer abschmecken.

Service

Saucen-Seiten

Zur Wurst gehören Senf, Mayo oder Ketchup wie das Ringelschwänzchen zur Sau. Kinderleicht, sich diese leckeren Zutaten selbst herzustellen. Die Klassiker und schmackhafte neue Kreationen finden Sie hier.

Tomatenrelish

500 g vollreife Tomaten
2 EL Olivenöl
2 Schalotten in Würfeln
1 Knoblauchzehe zerdrückt
2 rote Chilischoten
je 1 TL Balsamicoessig und brauner Zucker
je ½ TL Pfefferschrot, Meersalz, Kurkuma, Ingwer und Paprika edelsüß und rosenscharf
2 EL Basilikumblättchen gehackt

So geht's

- alle Zutaten bis auf die Basilikumblättchen und das Öl gehackt in einem Topf geben, über Nacht stehen lassen
- Masse in Öl andünsten, 20 Minuten köcheln lassen, durch ein Sieb streichen
- Basilikum untermischen
- heiß in saubere Gläser abfüllen, zudrehen, auf den Kopf stellen und erkalten lassen

Ketchup

500 g frische Tomaten (besonders lecker: kleinere Strauchtomaten)
2 Knoblauchzehen
2 Schalotten
1 Bund Schnittlauch
je 5 Zweige Thymian und glatte Petersilie
je 2 EL Balsamicoessig, Tomatenmark und brauner Zucker
je 1 EL Zitronensaft und Pfefferkörner
je 1 TL Salz, Currypulver, Schabzigerklee, Paprika edelsüß und rosenscharf und Oregano
eventuell etwas Bindemittel

So geht's

- Knoblauch und Schalotten schälen und grob teilen
- Kräuter putzen und klein zupfen
- alle Zutaten in einen Topf geben und mit dem Zauberstab sehr fein pürieren
- Masse durch ein Sieb streichen, dann in einem Topf (ähnlich wie Marmelade) 3–4 Minuten sprudelnd kochen lassen
- falls zu flüssig, Bindemittel einrühren
- in mit abgekochtem Wasser sauber ausgespülte Flaschen geben und randvoll auffüllen
- zudrehen und sofort auf den Kopf stellen
- nach dem Erkalten Flaschen beschriften, so hält es sich 3–6 Monate

Mein Tipp:

Für einen scharfen Curry-Ketchup geben Sie noch 2 EL Currypulver extra dazu und pürieren eine kleine rote Chilischote mit. Auch einige Spitzer Tabasco oder etwas Cayennepfeffer runden die Sache ab.

Es braucht nur wenige Zutaten für eine feine Mayo.

Feine Mayo

1–2 TL Zitronensaft (oder Obst- oder Zitronenessig, trockener Weißwein)
125 ml gutes Pflanzenöl
½ TL brauner Zucker
je 1 Prise Piment, Estragon, Salz und Pfeffer
eventuell 1 Spritzer Maggi und 1 Msp. Senf

So geht's
- Eigelb, Zucker und Zitronensaft in eine hohe Rührschüssel geben
- Pürierstab ansetzen (oder mit dem Schneebesen kräftig rühren, dauert dann etwas länger) und nach und nach das Öl zugießen
- mit den Gewürzen abschmecken, dann abfüllen und beschriften

Mein Tipp:
Mit Naturjoghurt gemischt, wird es eine leichtere Variante, mit Estragon, einem Spritzer Worchestershire-Sauce und Limettenschale, wird's eine feine Gourmetpaste. Sie können aber auch mit Chiliflocken, Curry und etwas Tabasco eine scharfe Mayo zaubern. Oder wie wäre es mit einer sahnigen Kräutermayonnaise: einfach um je 2 EL fein gewiegte Kräuter und frisch geschlagenen Rahm ergänzen. Und mit fein gewürfelten Tomaten- und Knoblauchstücken wird's eine „Mayo Italiana". Falls Sie gerne Remoulade zaubern möchten, geben Sie 1 Spritzer Weinessig, je 1 EL zerdrückte Kapern, Kerbel- und Estragonblättchen fein gehackt und 1 Prise Macis dazu.

Tomatenmayo

100 g Feine Mayo
2 EL Schmand
je 1 Prise Salz, brauner Zucker, Piment und Pfeffer
je 1 EL frisch gehackter Estragon und getrocknete, fein gewürfelte Tomaten

So geht's
- alle Zutaten in ein hohes Gefäß geben und mit dem Zauberstab pürieren
- mit Salz und Pfeffer abschmecken

Mein Tipp:
Für eine frische und leichte Thymianmayo einfach zusätzlich je 1 TL Thymian, Zitronenschale, Honig und Schmand untermischen.

Mayo und Haltbarkeit
Hier scheiden sich die Geister. Tatsache ist, dass die Haltbarkeit gut und gerne 4 Wochen beträgt. Da in einer richtigen Mayonnaise jedoch rohe Eier (Salmonellengefahr) verwendet werden, empfiehlt es sich, sie innerhalb von 4–5 Tagen aufzubrauchen und immer gut zu kühlen. Achten Sie bei der Zubereitung auf jeden Fall auf frische Eier!

CBQ-Sauce (Chili-Balsamico-Quendel)

je ½ Tasse kalter, starker Kaffee und Rotwein
500 g Tomatenstückchen aus Dose oder Tetrapack
je 2 Knoblauchzehen und Schalotten in Würfel
je 1 EL Rauchsalz und Whiskey
je 2 EL Balsamicoessig und Olivenöl
4 EL Honig
1 Spritzer Raucharoma
je 1 TL Chiliflocken, Zitronenschale, Pfefferschrot, Curry, Schabzigerklee, Quendel oder Thymian, Paprika edelsüß und rosenscharf
eventuell etwas Bindemittel

So geht's

- Schalotten- und Knoblauchwürfel in Öl andünsten
- alle weiteren Zutaten zugeben, alles 15 Minuten köcheln lassen
- Masse pürieren, durch ein Sieb passieren, weitere 15–20 Minuten köcheln lassen
- falls zu flüssig, Bindemittel einrühren
- abfüllen, Flaschen auf dem Kopf gestellt auskühlen lassen

Safrancreme

1 Schalotte gewürfelt
1 Knoblauchzehe fein zerdrückt
1 TL Butter und Orangenschale
je ½ Tasse Weißwein und Brühe
je 1 EL Safranfäden und glatte Petersilie gehackt
150 g Crème fraîche
Salz und Pfeffer

So geht's

- Schalottenwürfel und Knoblauchzehe in Butter andünsten
- Weißwein und Brühe zugeben, auf die Hälfte eindünsten lassen, pürieren, 2 Stunden kalt stellen
- Creme fraîche unterrühren
- Safranfäden, Orangenschale und Petersilie dazugeben
- mit Salz und Pfeffer abschmecken

Limettencreme

1 Becher Schmand
2 EL Limettensaft
je 1 TL Limettenschale, frische Melissenblättchen und Honig
etwas Salz und Zitronenpfeffer

So geht's

- alles mischen – fertig!

Sauce Choron

4 Eigelb
1 TL Weißwein
200 g flüssige Butter
je 2 EL Schalottenwürfel, glatte Petersilie und Estragon
1 TL Butter zusätzlich
4 Tomaten enthäutet und entkernt, in kleine Würfel geschnitten
2 EL Tomatenmark
je 1 EL Knoblauch zerdrückt und Estragon
½ TL Kandis
Salz und Cayennepfeffer

So geht's

- Eigelbe im heißen Wasserbad aufschlagen bis eine Creme entsteht, Wein dazugeben
- 200 g flüssige Butter tropfenweise unterrühren und warm stellen
- Schalottenwürfel, Petersilie, Estragon und Knoblauch in 1 TL Butter andünsten
- Tomatenwürfel und -mark einrühren, 5 Minuten simmern lassen
- mit Salz, Kandis und Cayennepfeffer abschmecken, etwas abkühlen lassen
- Gemisch unter die Ei-Buttermischung rühren und warm servieren

Saucen-Seiten 133

Zur Wurst gehört Senf und der ist ganz einfach selbst zu machen.

Feiner Orangensenf

1 EL Zwiebelwürfel
Fleisch und Saft einer halben Orange
45 ml Wasser
30 g Zitronenessig
50 g gelbe Senfsaat
30 g Honig
1 gestr. TL Salz
je 1 Msp. Curry, Paprika, Chiliflocken, Kurkuma, Pfeffer

So geht's
- Zwiebelwürfel, Orangenfleisch, Saft, Wasser und Essig einmal aufkochen
- alle restlichen Zutaten untermischen
- Masse etwa fünf Minuten gründlich rühren
- Senf in saubere Gläser abfüllen, einige Tage ruhen lassen, dann entfaltet sich das Aroma schön
- gut verschlossen ist er 5–6 Monate haltbar

Grundrezept Senf

50 ml Weißweinessig (oder Obstessig)
90 ml Wasser
100 g gelbe Senfsaat gemahlen
50 g Honig oder brauner Zucker
10 g Salz
3–4 Msp. Gewürz, z. B. Curry, Paprika, Kurkuma, Pfeffer

So geht's
- Wasser und Essig einmal aufkochen
- Senf und Gewürze damit mischen und die Masse etwa 5 Minuten gründlich rühren
- Senf abfüllen, einige Tage ruhen lassen, dann entfaltet sich das volle Aroma

---

Senf und Schärfe
Die Schärfe von Senf hängt von den Senfssaatsorten und deren Menge im Rezept ab. Gelbe Senfkörner sind milder als die schwarzen Senfkörner. Die Rezepte sind für eine mittelscharfe bis scharfe Sorte berechnet. Wer's milder mag, nimmt einfach mehr helle Saatkörner, wer Schärfe liebt, kann zum Beispiel in einen mittelscharfen Senf noch zusätzlich 1–2 Msp. gemahlene schwarze Senfkörner mischen – dann wird er so richtig schön hot!

Birnen-Zwiebel-Chutney

2 große Birnen
2 mittelgroße rote Zwiebeln
1 rote Chilischote
1 EL Olivenöl
3 EL Essig
1 Msp. Zimt
1 TL Honig
1 TL Curry
3 Nelken
1 Prise Salz
Pfeffer aus der Mühle

So geht's

- Birnen und Zwiebeln schälen und in kleine Würfel schneiden
- Chilischote putzen, klein hacken und alles zusammen in Öl andünsten
- restliche Zutaten dazugeben, ½ Stunde sanft köcheln lassen
- abfüllen, erkalten lassen

Granatapfel-Walnuss-Sauce oder -Chutney

1 EL Traubenkernöl
1 große Zwiebel in Würfeln
2 Äpfel in Spalten
1 Kiwi geschält, in Scheiben
1 Kaki (Honigapfel) entkernt und gewürfelt
Schale und Saft von 1 Orange
3 EL brauner Zucker
1 Tasse Balsamicoessig
1 Tasse Gemüsebrühe
je 1 Msp. Macis, Kardamom, Nelken, Vanillemark
je 1 TL Zimt und Chiliflocken
Salz und Pfeffer
Kerne von 1 Granatapfel
8 Walnüsse in kleinen Stückchen

So geht's

- Öl in einem Topf erhitzen, Zwiebeln andünsten, Äpfel, Kiwi, Kaki und Saft und Orangenschale dazu, Zucker drüber streuen
- mit Essig und Brühe ablöschen, alle Gewürze dazu, mit Salz und Pfeffer abschmecken, 30 Minuten köcheln lassen
- für ein Chutney Granatapfelkerne und Walsnuss-Splitter untermischen, weitere 5 Minuten köcheln lassen, abfüllen und kalt stellen
- Masse pürieren und durch ein Sieb streichen, dann erst die Granatapfelkerne und Walnuss-Splitter untermischen, nochmals aufkochen, abfüllen und kalt stellen

Nice to know

Hier verrate ich Ihnen eine Reihe von Tricks und Kniffen, die Sie auf Ihrem Weg zur eigenen Wurst unterstützen sollen. Viel Spaß und Erfolg damit!

RUND UM DIE BRATWURST Die Wurst platzt beim Braten nicht auf, wenn
- sie vorweg einige Minuten in heißem Wasser zieht oder 2–3 Minuten in kalter Milch badet.
- sie ein paar Mal mit einer Gabel oder einem Zahnstocher angestochen wird.

Die Bratwurst wird schön kross, wenn
- sie vor dem Braten in Mehl gewendet wird.
- sie vor dem Braten mit einer Paprika-Gewürzmischung bestreut wird.

Die Bratwurst bekommt einen feinen mediterranen Geschmack, wenn
- ein Zweig Rosmarin oder Oregano mitbrät.

GEFÜRCHTET: TROCKENRÄNDER Trockenränder sind verhärtete Ränder vor allem an der Rohwurst und entstehen durch Zugluft oder mangelnde Feuchtigkeit während des Umrötungs- und Reifeprozesses. Die Wurst kann nicht weiter „verdunsten" und beginnt im Inneren zu schimmeln. Achten Sie also drauf, dass in den entsprechenden Räumen *keine Zugluft* entsteht und falls es an der Feuchtigkeit mangelt: Würste einmal täglich mit einem Pflanzenbesprüher, der mit kaltem Leitungswasser gefüllt ist, leicht besprühen. Ist es bereits passiert, kann ein halbstündiges *lauwarmes Bad* die Wurst vielleicht retten.

KLEINE TRICKS FÜR DIE BESSERE HALTBARKEIT
Bei Rohwurst: Zwiebeln, Schalotten, Knoblauch und frische Kräuter vor der Zugabe erst klein hacken und kurz in etwas Öl oder Butter andünsten, das entzieht Feuchtigkeit und killt mögliche Bakterien auf der Oberfläche. Vor der Weiterverarbeitung die Masse stets gut abkühlen.
Bei Brühwurst: Wurstmasse möglichst gleich nach dem Einfüllen erhitzen. Sollte das nicht möglich sein, möglichst unter 0 °C (für maximal 1–2 Tage) lagern, da die Wurst sonst verdirbt. Falls die Würste nicht gleich verzehrt werden: Nach dem Brühen abtrocknen lassen und gut eingepackt kühl lagern.

PELLE WEG
Wurst mit Haut aus Darm oder Kunstdarm sollten Sie vor dem Anschneiden in eiskaltes Wasser legen, dann lässt sie sich leichter entfernen.

Vor dem Braten dann für 2–3 Minuten in warme Milch einlegen, kurz abspülen (sonst krümelt die Milch in der Pfanne) und 8–10 Minuten bei mittlerer Hitze anbraten.
Bei Gläser- oder Dosenwurst: möglichst sterile und unbeschädigte Gläser oder Dosen verwenden. Gläser stets heiß verschließen und bei Zimmertemperatur auskühlen lassen, ebenfalls mindestens einen Tag lang kühl lagern, dann erst entfaltet sich das Aroma.
Ihren *Aufschnitt* verpacken Sie am besten zusammen mit einigen rohen Nudeln möglichst dicht. So bleibt er trocken.
Wenn Sie den *Anschnitt* der Wurst mit etwas Öl bestreichen, bleibt er länger frisch.
Bei Schinken:
Um geräucherten Schinken vor Fliegen zu schützen, reibt man die Stücke kräftig mit frischem Estragon ein und bewahrt sie an einem möglichst kühlen und luftigen Ort auf.
Stücke rohen Schinkens bewahrt man am besten in einem Leinenbeutel bei 10 °C auf.
Ist der Schinken bereits aufgeschnitten, muss er in den Kühlschrank, am besten in Pergamentpapier gewickelt.
Gekochter und rauchgegarter Schinken kommt auch in den Kühlschrank. Am besten erst kurz vor dem Essen herausholen. Allerdings: Erst bei Zimmertemperatur entfaltet Schinken sein volles Aroma.
Zu kalt ist aber auch nicht recht: Schinken einzufrieren kostet viel Aroma!
Schimmel an Wurst und Schinken kann man verhindern: einfach mit einem dünnen Salzbrei (3 Teile Salz, 1 Teil Wasser) bestreichen.

Speck und Schwarten

- Schwarten sind sozusagen der Kitt der Kochwürste und sorgen für eine gute Bindefähigkeit der Wurstmasse. Zu lange darf man sie aber nicht kochen, denn dann verlieren sie diese Fähigkeit wieder. Schwarte ist gar, wenn sie sich gut zwischen Daumen und Zeigefinger zusammenquetschen lässt.
- Manche mögen die feinen weißen Speckstückchen in der Wurst. Damit sie weiß bleiben, werden sie so lange mit kochendem Wasser gebrüht, bis sie „springen". Das heißt, man wirft sie zwischendurch auf die Arbeitsplatte, springen sie dann hoch, sind sie gar.
- Speck lässt sich gut einfrieren. Eingefrorene Speckscheiben trennen Sie mit einem erhitzten Messer, so geht es ganz leicht.

FLEISCHWOLF SCHNELL GEREINIGT Ihren Fleischwolf können Sie ganz einfach reinigen, wenn Sie wissen, wie:
- Zum Schluss etwas trockenes Brot durchdrehen und eventuell mitverarbeiten.
- Oder 1 Stück Pergamentpapier (Frühstück- oder Backpapier) mitdrehen, dann erst abstellen.
- Erst dann mit Spülwasser mit einer Bürste von allen Resten befreien.

BRÜHWASSERWISSEN
- Der Wurst tun Sie Gutes, wenn Sie das Brühwasser salzen. Das Wasser sollte dabei etwa denselben Salzgehalt wie die Wurst haben. Das verhindert einerseits das Austrocknen und andererseits das Platzen beim Braten. Lecker auch: Würstchen in Brühe erhitzen.
- Wollen Sie Brühwürstchen warmhalten, gelingt das am besten in Brühe oder in heißem Wasser, in dem einige Pimentkörner und ein Lorbeerblatt schwimmen.

EIN HOCH AUF DAS KÜHLGERÄT *Fleisch, Fett und Innereien einfrieren? Ja!* Nicht immer hat man Zeit und Lust in der Küche zu stehen, aber gerade dann gibt es gutes Fleisch zu kaufen oder der passionierte Jägerfreund bringt ein edles Stück vorbei … Jedes Stück Fleisch, Fett oder Innereien kann problemlos eingefroren werden. Besonders klug ist es, bereits in abgewogenen Portionen für Ihre Wurstküche einzufrieren, aber bitte nicht länger als drei Monate!
Fertiges Wurstbrät einfrieren? Ja! Sie haben Ihr Lieblingsrezept gefunden, aber nicht immer die Zeit und den Nerv, jede Woche neu zu wursten? So können Sie sich behelfen: Brät in größerer Menge fertig stellen, portionsweise einfrieren, nach Bedarf antauen, gut durchkneten, abfüllen. Auch rohe Wurst, zum Beispiel rohe Bratwurst, kann eingefroren werden. Auch hier gilt: Brät nicht länger als drei Monate einfrieren!
Fleischkäse einfrieren? Ja! In die Form einfüllen und ab in die Truhe. Wichtig ist nur, vor dem Backen den Teig vollständig wieder aufzutauen!

PASTETEN UND CO. Formen kurz in heißes Wasser stellen, dann lassen sich Terrinen und Co. problemlos stürzen.
Mit einem Metallspieß (Schaschlikspieß, Draht, Stricknadel) in der Mitte einstechen, um zu prüfen, ob die Terrine fertig ist: es darf nichts mehr am Metall hängenbleiben.
Pasteten und Terrinen immer ins Wasserbad. Der Grund? Wasser kann Wärme wesentlich besser übertragen als Luft. Um eine gewünschte Kerntemperatur effektiv zu erreichen und zu halten, setzt man daher für den Garprozess Wasser ein.

> **GENIALE RESTEVERWERTUNG**
> Sie haben von Ihrer Wursterei noch Brät übrig? Kein Problem! Machen Sie Frikadellen daraus! 1 Ei dazu, etwas Brot oder Semmelbrösel, kleine Laibe formen, in der Pfanne von allen Seiten anbraten – fertig.

Wurstküchen-Glossar

Abbinden	Wurstenden mit Faden oder Clip verschließen
Anfrieren	Fleischteile oder Wurstbrät 1–3 Stunden ins Gefrierfach legen, vereinfacht das Wolfen und Abfüllen
Aspik	Sammelwort für Gelée, Gallerte, Gelatine, Kollagen, Sulzflüssigkeit; aus Knochen und Schwarten gekocht
Bindung	bekommt man durch gründliches Vermischen der eiskalten Wurstmasse
Bindemittel	Phosphat, Backpulver oder Cola
Brät	Wurstteig
Bindegewebehaltiges Fleisch	Schweinebacken, Haut, Schwarten
Brühen	Garen zwischen ca. 60 und 90 °C
Brühwurst	wird roh verarbeitet und dann gebrüht
Durchbrennen	Schinkenstücke nach dem Pökeln an der Luft durchziehen lassen
Einlage	Stückchen von Schinken, Speck oder Gemüse u. ä. in der Wurst
Fetter Speck	Speckarten ohne Muskelfleischanteile, auch grüner Speck
Flomen	besonders feines Bauchwandfett vom Schwein
Hygrometer	misst die Luftfeuchtigkeit
Kochwurst	Zutaten werden überwiegend vor dem Einfüllen gekocht und danach noch einmal gebrüht
Kutter	spezielle Püriermaschine für Wurstbrät; auch Blitz genannt
Lake	salzige Flüssigkeit zum Pökeln
Milchsäurebakterien	senken in der Wurst den pH-Wert, wodurch die Wurst mehr Feuchtigkeit abgibt; für mehr Haltbarkeit
Nitritpökelsalz	Salz mit Nitrit versetzt

Pastete	Terrine im Teigmantel
Pökeln, Poltern	verschiedene Behandlungsmethoden, um Fleisch mit Salz haltbar zu machen
Pürieren	zu feinem Brei zerkleinern
Räuchern	ist heiß, warm und kalt möglich; macht Würste und Schinken haltbar; für ein rauchiges Aroma
Reifen	die Zeit zwischen Abbinden und Verzehr
Rohwurst	Wurst nur aus rohen Zutaten
Schmalz	ausgelassenes Fett (manchmal mit Einlagen)
Schnee	gefrorene und zerkleinerte Flüssigkeit, kühlt das Brät beim Bearbeiten und macht es geschmeidiger
Schwarte	dicke, speckige Fleisch- und Fettschicht
Trockenrand	speziell bei Rohwurst: zu schnell getrockneter Rand; verhindert weiteres Trocknen
Umröten	Prozess, der die ersten Tage nach dem Abbinden die Wurst rot werden lässt
Wolfen	Fleisch- und Fettteile durch den Fleischwolf drehen

Schnell nachgeschlagen

A

Ännchens Ostpreußische 55
Apricot Dream 115
Arrosto italiana 123
Ascorbinsäure 21
Aspik 112
– sommerlich 114
Aufgewecktes Reh 125

B

Backofenmethode 44
Badenser Wurstsalat 90
Bärenschmand 96
Bauernschmaus 105
Beerenmarke 97
Berliner Weiße 55
Birnen-Zwiebelchutney 134
Black Tie 103
Blüten essbare 113
Blutpulver 101
Blutwurst 101
– Classica 102
– französisch 104
– Grundrezept 95
– mit Chili 104
– mit Gewürzen 102
Boudin noir 104
Braten 123
– Hackbraten 127
– Hirschbraten 125
– Kalbsbraten 126
– Kasseler 124
– mit Reh und Kaffee 125
– Roastbeef mit Thymian 125
– Roastbeef rosé 126
– Schweinerollbraten italienisch 123
Bratwürstchen 76
– Bierkönigs Perle 85
– deftig 86
– exotisch 82
– griechisch 86
– in Schmalz 80

– mit Ente 81
– mit Kalb und Orangen 79
– mit Krabben 84
– mit Kräutern 80
– mit Lamm und Knobi 79
– mit Orange 83
– mit Pfeffer 82
– mit Rotwein 84
– mit Wildschwein 85
– Wurzelseppi-Bratwurst 81
– zum Grillen 82
Brühbratwurst
– mit Schwarzbier 85
Brühbratwürstchen 76
Brühen 34
Brüh- und Grillwürstchen
– Grundrezept 76
Brühwurst 68
– Café de Paris 75
– Grundrezept 70
– Lyoner 71
– Lyoner mit Chili und Paprika 72
– mit Einlagen 73
– mit Schinkeneinlage 74
– mit Zitrone 75
– Mortadella 73
– Nordisch Weiße 77
– scharfe Spieße 74
– Schritt-für-Schritt-Anleitung 68
– Weißwurst 78
– Wiener Art 77
Bunte Liese 73
Burschenwurst 52

C

Café-de-Paris-Gewürzmischung 75
CBQ-Sauce 132
Celler Zipfel 46
Cheesy 82
Chorizo Barroco 52
Confit 118
Corned Beef 117

Crossover 84
Currywurst
– Edle von Curry 79
– Otto Normalo-Currywurst 78

D

Dämpfen 34
Das kleine Schwarze 102
Dickmadam 73
Donald Turkey 62
Durchbrennen 32

E

Edle von Curry 79
Eisschnee herstellen 69
Emulgatoren 21
Ente Orange 111
Ernestines Schweinskäse 114
Every Day Fleischsalat 91
Exotic Dream 82

F

Fasanenterrine 107
Fleischkäse 87
– Grundrezept 87
– Herbstgenuss 88
– Mailänder Art 88
– mit Datteln 89
Fleischsalat
– mit Hühnchenbrust 91
– mit Schnuckenfleisch 91
– pur 91
Fleischwolf reinigen 137
Fleischwurst 73
Fliegenschrank 44
Flomen est omen 121
Fruit of the Day 99
Fusion-Laib 89

G

Gänseschmalz mit Knusper 120
Garen 34
Gelée de Bourgogne 116

Geschmacksverstärker 21
Gewürz 22
Glutamat 21
Granatapfel-Walnuss-Sauce oder
 -Chutney 134
Grüne Liese 105
Guten-Morgen-Wurst 45

H

Hackbraten 127
Hackepeter 56
Haltbarkeit 135
Hannchen 100
Hausmacher-Leberwurst 97
Helena 86
Hot Dog 77
Hot Lolli 74

J

Jägerbeißer 51
Junge Wilde 49

K

Kasseler 124
Kasselercreme 124
Ketchup 130
Kikeriki 105
Kleine Lady 79
Knobischa(r)f 79
Knuspergänseschmalz 120
Kochschinken 60
Kochwurst
– Grundrezept 95
– mit Bauernbrot 105
– mit Hühnchen und Zwiebeln 105
– mit Kümmel und Kartoffeln 105
– Schritt-für-Schritt-Anleitung 94
Konservieren 31
Kräuterblut 86
Kräuterhirsch 125
Kräuterlinchen 80
Kräuterpower 48
Kümmellümmel 53

Küstenglück 122
Kutter 13

L

Landjäger 52
Laubfrosch 55
Leberkäse 87
– mit Kalbsleber 89
Leberpaté 100
Leberwurst
– Grundrezept 95
– Hausmacher Art 97
– Kalbsleberwurst 100
– mit Backobst 99
– mit Bärlauch 96
– mit Maronen 98
– mit Pute und Preiselbeeren 97
– schmeckt wie früher 100
Limettencreme 132
Lyoner 71

M

Madame Dubarry 83
Markgräfler Nudel 54
Marönchen 98
Mayo
– Grundrezept 131
– Tomatenmayo 131
Mett 56, 57
Milchsäure 24
Miss Daisy 81
Mortadella mit Kräutern 74
Moulin Rouge 84
Mousse Christiane 111
Mousse de Jambon 117
My first 77

N

Nasspökeln 34
Nordisch Weiße 77

O

Olle Ziege 51
Otto-Normalo-Currywurst 78

P

Pastete 107
– mit Orange und Ente 111
Pastetenteig 110
Pastrami 64
Pfefferbrutzler 82
Pfeffermax 61
Pfeffersäckchen 52
Phosphat 20
Pistazien-Sherry-Terrine 109
Pökellake
– Classic 33
– für Wild 33
– mit Bier und Kümmel 33
– mit Wein und Salbei 33
– ohne Nitritpökelsalz 33
Pökeln 31
– Einspritzen 34
– im Vakuum 32
– Nasspökeln 34
– Schritt-für-Schritt-Anleitung 31
– Trockenpökeln 32
Pökelsalz 17
– Grundrezept 19
– homemade 33
Poltern 33
Portweinschnucke 53
Pottsuse
– Grundrezept 119
– Variationen 120
Pusztalyoner 72

R

Räuchern 34, 35
Räucherschrankmethode 44
Rillettes 118
Roastbeef rosé 126
Rohgekochtes 54
– Berliner Art 55
– mit Gutedel 54
– mit Tilsiter und Kapern 55
– mit Zwiebeln und Kümmel 55

Rohwurst
- Schritt-für-Schritt-Anleitung 41
Rohwurst schnittfest
- Grundrezept 48
Rote Hex' 104
Rote Pute 47

S

Safrancreme 132
Salame al finocchio 50
Salame al tartufo 50
Salame con nocciole 49
Salami 48
- mit Fenchel 50
- mit ganzen Nüssen 49
- mit Hirschfleisch 51
- mit Kräutern 48
- mit Kümmel 53
- mit Lamm und Port 53
- mit Pfeffer 52
- mit spanischem Rotwein 52
- mit Trüffeln 50
- mit Wildschwein und Maronen 49
- mit Ziege, Feige, Salbei 51
Salpeter 14, 19
Salz 17
Sauce Choron 132
Saucen 130
Saucisse von der Seine 75
Schimmel 53
Schinken 59
- aus Putenfleisch 62
- aus Ziegenfleisch roh
  geräuchert 62
- dampfgegart 64
- im Salzteig 65
- in weihnachtlichem Kleide 65
- Rinderschinken 61
- roh mit Kirschwasser 63
- roh mit Pfeffer 61
- Schinkenfetzen 64
- Schritt-für-Schritt-Anleitung 59
Schinken gekocht 60

Schinken luftgetrocknet 60
Schinkenmousse 117
Schinken roh 60
Schmalz 118
- italienisches 121
- mit Früchten 122
- mit Krabben und Sanddorn 122
- mit Sauerkirschen 121
- Capri 121
Schmatchen 122
Schnellreifezusätze 21
Schnucki 91
Schwäbles Lieblingssalat 90
Schwarzwälder Lendchen 63
Schwarzwurst 101
Senf
- Grundrezept 133
- Orangensenf 133
Sommer in Aspik 114
Sommerwurst 75
Streichwurst 45
- Grundrezept 45
- mit feinen Stückchen 46
- mit Kaffee 45
- mit Oliven 47
Stuttgarter Lump 55
Sülze 112
- mit Burgunder 116
- mit Gemüse 115
- mit Gemüse und Sahne 114
- mit Kalb und Aprikosen 115
Sunday Morning 91
Süße 19

T

Tatar 56
- Hongkong 57
- Mama Afrika 58
- Nord-Süd 57
- Scandinavia 58
Teewurst 45
- Princess 47
Tellerklappern 115

Terrina rustica 108
Terrine 107
- mit Fasan 107
- mit Gänseleber 111
- mit Pistazien und Sherry 109
- rustikal 108
- würzig-limettig 110
Terrine de Grenade 110
Thymian-Roastbeef 125
Tomatenrelish 130
Trockenpökeln 32
Trockenränder 135
Trocknen 34

V

Vakuumpökeln 32, 60
Vanilla Kirsch 121
Vitello tonnato 126

W

Weißwürstel Benedikt 78
Wiener Würstchen 77
Wilder Feger 85
Wurst aus dem Aschebett 37
Wurst gebrüht 68
Wursthüllen
- aus Folie 28
- künstliche 26
- natürliche 26
- selbst genäht 28
Wurst in Dosen 29
Wurst in Gläsern 29
Wurst roh gebrüht 54
Wurstsalat
- Badenser 90
- schwäbisch 90
Wurst Zutaten 22

Z

Ziegenrauchschinken 62

Quellen und Adressen

ZUM WEITERLESEN
Wenn Sie Lust am Wursten bekommen haben und sich weiter informieren wollen, finden Sie hier viele weiterführende Tipps und Rezepte.

ASCHENBRANDT, KARSTEN „TED": Das perfekte Würstchen, Heel Verlag, Königswinter 2011
BINDER, EGON: Räuchern, Eugen Ulmer Verlag, Stuttgart 1995
BLATZHEIM, WILHELM: 100 % Wurst, draksal Fach-Verlag GmbH, Leipzig 2011
DROSTE, WIGLAF, HEIDELBACH, NIKOLAUS; KLINK, VINCENT: Wurst, Dumont, Köln 2006
FRONTY, LAURA; DURONSOY, YVES: Das Paradies der Grand-Mère, Hädecke Verlag, Weil der Stadt 2000
GAHM, BERNHARD: Würste, Sülzen, Pasteten, Eugen Ulmer Verlag, Stuttgart 1998
GATES, STEFAN: Der Gastronaut, Gerstenberg Verlag, Hildesheim 2006
INNES, JOCASTA: Vom Kochen auf dem Lande, Heyne Verlag, München 1979
SCHMIDT, KARL-FRIEDRICH: Wurst aus eigener Küche, Verlag Neumann-Neudamm, Melsungen 2008
WEHMEYER, TATJANA; PEHLE, TOBIAS: DuMonts kleines Lexikon – Schinken, Salami & Co., Edition Dörfler, Eggolsheim 2007

ADRESSEN
Über das Internet kann man viele Zutaten und Gerätschaften bestellen, die einem das Wursten zu Hause erleichtern.
www.gewürze-hausschlachterbedarf.de
www.lenzing-online.de
www.lusini.de
www.hugo-bergmann.de/foshop
www.fleischereibedarf-online.de

BILDQUELLEN
Die Umschlagfotos und Fotos im Innenteil stammen von Ulrich Loeper mit Ausnahme der folgenden:
Bellersen Quirini, Cosima: Innenklappe hinten
Bühring, Ursel: S. 112/113, 122
iStockphoto/hsvrs: S. 33
Kathleen Palnau-Fotolia.com: S. 115
mauritius images: S. 15, 22/23

Die Zeichnungen stammen von Anette Vogt und Susanne Junker.

ZUR AUTORIN

Cosima Bellersen Quirini wohnt seit 1987 in Celle (nahe Hannover). Sie ist Autorin von Sachbüchern und belletristischen Büchern von Krimi bis Kinderbuch, Dozentin für allerlei Kurse rund um das Thema Selbermachen und Inhaberin der Werkstatt für natürliche Kosmetik in Celle.

Die in diesem Buch enthaltenen Empfehlungen und Angaben sind mit größter Sorgfalt zusammengestellt und geprüft worden. Das entbindet den Nutzer dieses Werkes aber nicht von der Verpflichtung, die Rezepturvorschläge sorgfältig zu überprüfen und die Verordnungen in eigener Verantwortung beziehungsweise mit Hilfe ärztlicher oder therapeutischer Begleitung zu wählen. Eine Garantie für die Richtigkeit der Angaben kann nicht gegeben werden. Autorin und Verlag übernehmen keinerlei Haftung für Schäden und Unfälle. Der Verlag ist außerdem nicht verantwortlich für den Inhalt von Links.

BIBLIOGRAFISCHE INFORMATION DER DEUTSCHEN NATIONALBIBLIOTHEK
Die Deutsche Nationalbibliothek verzeichnet diese Publikation in der Deutschen Nationalbibliografie; detaillierte bibliografische Daten sind im Internet über http://dnb.d-nb.de abrufbar.

Das Werk einschließlich aller seiner Teile ist urheberrechtlich geschützt. Jede Verwertung außerhalb der engen Grenzen des Urheberrechtsgesetzes ist ohne Zustimmung des Verlages unzulässig und strafbar. Das gilt insbesondere für Vervielfältigungen, Übersetzungen, Mikroverfilmungen und die Einspeicherung und Verarbeitung in elektronischen Systemen.

© 2012 Eugen Ulmer KG
Wollgrasweg 41, 70599 Stuttgart (Hohenheim)
E-Mail: info@ulmer.de
Internet: www.ulmer.de
Umschlagentwurf: red.sign, Anette Vogt, Stuttgart
DTP: red.sign, Susanne Junker, Stuttgart
Lektorat: Ute Bartels, Christine Schneider
Herstellung: Silke Reuter
Reproduktion: timeRay visualisierungen, Herrenberg
Druck und Bindung: Westermann Druck, Zwickau
Printed in Germany

ISBN 978-3-8001-7820-9